MW01118337

¿Dónde está Lolita?

Novela Romántica Familia y Relaciones, Volume 1

Diana Larson

Published by Anónimo Gracias, 2022.

¿DÓNDE ESTÁ LOLITA?

First edition. August 27, 2022.

Copyright © 2022 Diana Larson.

ISBN: 979-8201751647

Written by Diana Larson.

¿DONDE ESTA LOLITA?
By Diana Larson

DEDICATORIA

En memoria de los hermosos ojos azul celeste de mi adorada abuelita.
En Memoria de los ojos,
uno marrón y el otro verde de mi tía Bienvenida.
En memoria de los ojos verdes esmeralda de mi amada madre.
A los ojos color turquesa de mi hermana protectora Christina.
Esos ojos que no descansaron, ni de día ni de noche para protegerme
durante mi niñez y adolescencia.
*Y de rodillas, al más importante, a mi adorado e incomparable
amigo que me tuvo siempre bajo su amparo.*

TABLA DE CONTENIDO:

YO NO SOY DE ESTE MUNDO

¿Dónde está esta niña? - preguntó la buena tía Bienvenida ya despúes de unas largas y angustiosas horas de búsqueda sin lograr ningún resultado.

- ¿Como puede desaparecerse una niña de escasos tres años? -Se preguntaba Bienvenida.

La tía Bienvenida, una mujer de aspecto poco femenino, bizca, aunque muy atractiva. La característica más notable era que tenía un ojo de color marrón y otro de color verdoso. Ya a sus 27 años usaba unos lentes gruesos y desproporcionados para su pequeño rostro, tenía una eminente verruga en la punta de su nariz, sus cabellos crespos siempre enredados entre tantos nudos de su bella pero descuidada cabellera negra rizada. Era muy delgada, pero tenía sus curvas bien formadas, no usaba maquillaje y aunque siempre su vestuario usualmente pasado de moda era implacablemente limpio y bien planchado. Aún estaba soltera, ella había nacido para ser libre, el amor que ella daba a sus semejantes era puro, sincero y desinteresado y solo un hombre que pudiera comportarse a su misma altura la podía merecer. Vivía en una pequeña casa junto a su madre Estílita y dos sobrinas, hijas ambas, de su hermana menor Albina.

Bienvenida, cuando niña, había sido objeto de burla por los muchachos de su barrio, los cuales le propinaban insultos desagradables como: La tuerta virola, o flacuchenta y otros más, ella peleaba a golpes sin importarle el tamaño o el sexo del contrincante, para luego de esas peleas seguir jugando con ellos, le gustaba jugar con sus amigos varones juegos de fuerza y de cierta rudeza, pero al llegar a su casa sacaba del baúl su muñeca de trapo que ella misma había confeccionado con sus propias manos y la vestía con trajecitos también hechos por ella misma con retazos de tela de diferentes colores y texturas, todos a mano con hilo, dedal y aguja.

Toda la belleza externa y sensualidad que carecía la tía, esa belleza y coqueteo que caracteriza a la mujer latina excedía en su interior, en su alma. Era una amante de la naturaleza, de la buena literatura, mujer justa y sabia. La tía Bienvenida asumió juntamente con su madre Estílita la tremenda responsabilidad de criar a sus dos sobrinas, Christina y Lolita. Bienvenida simplemente poseía un alma tierna y amorosa.

Ambas mujeres, Bienvenida y Estílita, con idéntica desesperación y ansiedad ya no sabían dónde más buscar a la niña ausente por varias horas.

Su voz se quebraba entre un chillido de pánico y un gemido de frustración al no saber dónde y cómo se había desvanecido una niña melancólica. ¿Dónde podría estar? Ya habían buscado en cada rincón de la pequeña casa, en todo el vecindario inclusive, Bienvenida observaba a través de los cristales de la ventana un cielo oscurecido, ya había pasado la media noche; de repente pensó en el patio trasero de la casa, ¿Por qué no se me ocurrió antes? Se preguntó Bienvenida.

Allá, en la oscuridad de la noche Bienvenida pudo vislumbrar desde la distancia la pequeña silueta de la diminuta figura de Lolita perdida en su propio mundo. Bienvenida suspiró de alivio mientras corría a su encuentro y gritaba su nombre: ¡Lolita, Lolita! La pequeña estaba de espalda y la tía tomándole suavemente por los hombros volteó el torso de la niña hacia su dirección y con curiosidad en su tono de voz le preguntó: -¿Qué haces aquí tan aislada a estas altas horas de la noche, en medio de tanta oscuridad y tan sola?- Lolita miró fijamente a los ojos de su tía y dijo con una voz débil, inocente, pero con determinación:
"Yo no soy de este mundo".

El silencio llenó los momentos que transcurrieron después hasta que Bienvenida con extrañeza logró preguntar tartamudeando: - ¿Qué quieres decir con eso, cariño? -

Lolita, como siempre, en su sutil postura guardó silencio, pero vulnerablemente se acurrucó en el regazo de su tía Bienvenida mirándola se dijo a sí misma:

"Que niña tan extraña"....

Estílita las vió venir y corrió a alcanzarlas y, arrebatándole la niña de los brazos de su hija abrazó a Lolita fuertemente en su regazo aturdiendo a su hija con cientos de preguntas, pero Bienvenida no tenía las respuestas.

Bienvenida sólo contestó: -Ella está bien, nada malo le ha sucedido, descansa y ya no te preocupes más-...

- ¿Dónde está Christina? - Preguntó Bienvenida, recordando a su otra sobrina.

-Ella está dormida desde ya hace muchas horas—.

-Es muy tarde madre, han sido horas de mucho estrés, mejor ya descansemos. Buenas noches, madre-.

-Buenas noches querida-, respondió Estílita.

Estilita se llevó a su frágil nieta a su cama mientras acariciaba tiernamente sus cabellos y cantándole su canción favorita:

♪ Una semillita sembré, sembré, sembré, y luego la regué, y luego la regué

hasta que su adorada niña lentamente se sumergía en un sueño placentero por el resto de la noche.

Estílita agradeció a Dios por darle una bendición tan grande y poder tener una joya tan valiosa como era esa pequeña criatura en su vida.

Ella nunca podría olvidar la primera vez que la tuvo entre sus brazos, memorias inolvidables. Fueron cinco días después de haber nacido Lolita. Albina, quien había recién regresado de los Estados

Unidos de América embarazada y con dos niñas más: Belinda y Christina.

Albina estaba delicada de salud, se había enfermado de los pulmones y además sufrió ciertas complicaciones durante su embarazo y a la hora del parto, así que ambas, la madre y la hija tendrían que permanecer más tiempo en el hospital en observación. Sus condiciones requerían constante monitoreo, sin embargo, en contra de cualquier pronóstico, la salud de Lolita logró estabilizarse y le permitieron a su tía Bienvenida llevársela a casa; pero era necesario que Albina permaneciera en el hospital hasta su completa recuperación.

Aunque la familia estaba pasando por un desafío económico, Bienvenida buscó los medios para poder comprarle un pañal de tela a su nueva sobrina que era lo único que su frágil economía le permitía adquirir, sin embargo, la diminuta Lolita lo estrenó antes de tiempo y la tía Bienvenida, caracterizada por su astucia percibió la angustia de su hermana Albina quien con su expresión de su rostro le relató su dolor e impotencia debido a su estado físico, económico y su agonía emocional.

Bienvenida escuchó las tantas palabras que su pequeña hermana le decía en silencio, supo interpretar ese enmudecido momento y se apresuró a contestarle: No te preocupes, tú solamente debes enfocarte en recuperar tu salud mientras yo resuelvo. Sin pensarlo dos veces, la astuta Bienvenida tomó a Lolita completamente desnuda y la metió dentro de su blusa y salió apresuradamente del hospital antes de que otro incidente vergonzoso ocurriese.

Tan pronto como llegaron a casa, Estílita, llena de entusiasmo, velozmente fue al encuentro del nuevo miembro de la familia para darle una calurosa bienvenida, pero para su sorpresa la única persona que vio venir fue a su hija mayor Bienvenida, miró sus brazos vacíos tratando de buscar a su nieta que obviamente no podía ver.

Entonces la abuelita preguntó:

¿Dónde está Lolita?

-Lolita está aquí conmigo-, respondió Bienvenida. - ¿Dónde? No la veo preguntó- Estilita con una mirada perpleja.

-Dentro de mi blusa-, respondió Bienvenida.

- ¡Dios mío! ¿Es así de pequeña? Entonces es pulgarcita-.

Bienvenida sonrió a carcajadas mientras sacaba a Lolita de su blusa mostrándosela a su madre. Lolita dormía plácidamente con la inocencia de cualquier bebé. Después de cubrirla con un trozo de tela color rosado la colocaron en su cuna, la cual consistía en una gaveta de un antiguo armario.

Ese día, la pequeña y humilde casa estaba llena de gozo, el único motivo que alteraba ese momento de felicidad era la larga estancia de Albina en el hospital, pero estaban esperanzadas con las palabras del doctor a cargo del caso:" En unos días ella estará muy bien".

Pasaron los años y Estílita se apegó extremadamente a su querida Lolita. Aprendió a leer sus pensamientos, sus movimientos y, había detectado el pobre apetito de la niña, lo cual le preocupaba en extremo porque recordó cuando fue la primera vez que Lolita se desmayó frente a sus ojos.

Estílita y Bienvenida, dentro de sus posibilidades hicieron todo lo que estaba a su alcance para proteger y proveerle el mayor de los cuidados a la pequeña Lolita, quien desde su nacimiento no tuvo un desarrollo de acuerdo a los estándares propios de su edad.

Lolita se convirtió en alguien muy valioso para la vida de Estílita.

DOS HERMANAS

C hristina y Lolita, dos hermanas completamente diferentes, ambas amadas por la buena tía Bienvenida, pero Lolita era la preferida de Estílita, era un amor obsesionado por su pequeña nieta, a quien notaba indefensa y ella pensaba que debía protegerla de todos.

Christina era una niña rubia con cabellos dorados y rizados, lindo rostro y ojos color turquesa que siempre le llamaron la atención a todos los que la veían.

Bienvenida no tenía motivos para preocuparse por ella, Christina era inteligente, independiente y astuta, ella sabía muy bien como defenderse. Christina, a pesar de su corta edad, actuaba ya como una niña mayor y se adelantaba siempre a los acontecimientos.

Por el contrario, Lolita era una niña callada, tímida, retraída y demasiado inocente, ella era una presa fácil para cualquiera que la quisiera engañar, esa era una de las razones por la cual Lolita requería de más atención y, si a eso se le sumaba su frágil salud, era de entender la sobre protección de su abuelita.

Lolita era muy delgada con una piel pálida debido a la escasa ingesta de alimentos ya que no le apetecía comer, de apariencia frágil, sus cabellos finos color castaño con rayos dorados, su sonrisa muy dulce y una expresión muy tierna en su extraño color de ojos verde grisáceo, que ocasionalmente le cambiaban por un color avellana, que es una mezcla de colores verdes, ámbar y azul. Lolita era la expresión más próxima a lo que la pureza de alma se refiere.

Solamente existía un año de diferencia de edad entre ambas hermanas, pero a medida que crecían, Christina se percata que su hermana necesitaba a alguien más que la protegiera cuando estuvieran fuera de la casa, debía evitar que fuera objeto de maltratos por parte de otros niños y adolescentes.

MADRE

La palabra bella parece ser una expresión diminuta en su aura cuando se trata de describir a Albina. Ella era extremadamente hermosa.

Su cabellera ondulada marrón oscuro cubría apenas sus hombros, sus ojos de color esmeralda con mirada expresiva, tanto, que siempre delataba lo que sentía, que en la mayoría de las veces era tristeza, dolor y soledad, pero su fortaleza interna la ayudaba a evitar que una lagrima saliera de esos encantadores ojos , aguantaba de pie cualquier tormenta por muy fuerte que fueran los vientos.

De corta estatura y figura bien formada, sus torneadas piernas eran la envidia de muchas mujeres del vecindario, además de su gracia para bailar, podía danzar al ritmo de cualquier música sin perder nunca el compás mientras y su piel sorprendentemente tensada.

Albina había sido criada por su tía Berta, quien pudiera ser descrita perfectamente como una persona que le pesaba la carga de Albina y de allí sus maltratos y su falta de afecto. Sin embargo, Graciela, hija de Berta, llenó ese vacío que Albina tanto necesitó durante su niñez y adolescencia.

Albina, a sus 16 años se enamoró perdidamente de un muchacho del vecindario, José Tomás, se veían a escondidas, pero tan pronto como su tía se enteró de ese romance de inmediato buscó casarla con un hombre recién llegado de Perú a Venezuela. Gilberto era su nombre, dotado de un extraordinario don de convencimiento pero que todos desconocían, pues era un recién llegado al País con unas historias muy poco creíbles. Albina devastada recurrió en vano del auxilio de su madre para que no la obligaran a casarse con el hombre que no amaba y que apenas conocía.

Albina al verse no apoyada por nadie, tuvo irremediablemente que tomar la decisión más triste que una muchacha de su edad pueda experimentar, unirse sin amor en matrimonio con el elegido por su tía y despedirse de su amado José Tomás.

Al poco tiempo de casados nació su primera hija a quien llamó Belinda, y luego se mudaron a Estados Unidos de América donde nació Christina, pero ya embarazada de su tercera hija, Lolita, ya era imposible la convivencia entre ellos y Albina pidió ayuda a un amigo pelotero de las grandes ligas de beisbol venezolano, quien le regaló los pasajes de regreso a Venezuela, donde nació la pequeña Lolita.

A los pocos años Albina se volvió a enamorar y se mudó a un lugar remoto, una vecindad nada privilegiada, donde no existían ni calles asfaltadas ni servicio eléctrico.

La humilde casita estaba hecha de tres piezas, una era el dormitorio de la pareja, la otra pieza era una pequeña salita con paredes descoloridas para el día y se convertía en dormitorio de noche donde se colgaban hamacas donde dormían Belinda, la hija mayor de Albina, Stella y Petronila, quienes nacieron de la nueva unión de Albina y Luis, su nueva pareja. La tercera pieza no tenía piso de cemento y Albina la convirtió en cocina, colocando una pequeña estufa sobre una mesa maltratada por el tiempo.

Bienvenida, aún soltera, en aquel entonces vivía con Christina en una casa un poco más grande, no era lujosa, pero estaba equipada con lo necesario, lo cual les permitía disfrutar de un estilo de vida más holgado.

Estílita, por su parte, se mudó con su hijo soltero y se llevó consigo a la pequeña Lolita. Estílita sembró un jardín lleno de flores que crecían bajo los cuidados de la tierna abuelita, su jardín no sólo consistía en flores sino también diferentes hierbas aromáticas con las que deleitaba su paladar con varios sabores de infusiones medicinales.

Lolita pasó la mayor parte de su niñez con su adorada abuelita, pero compartía tiempo también con su tía Bienvenida y su madre Albina.

En una ocasión Christina y Lolita pasaron un fin de semana con su mamá, quien había sido invitada por una amiga a pasar una velada juntas y Albina podría llevar sus 5 hijas con ella, lo cual llenó de alegría y gozo su corazón.

Albina era muy estricta y dio instrucciones bien claras a sus hijas y colocándolas a todas en hilera frente a ella les dijo:

Escuchen bien, hemos sido invitadas por una amiga a su casa y éstas son mis instrucciones: - Nadie entra a la casa hasta que se nos invite a pasar adelante, nadie se sienta hasta que nos inviten a sentarnos, no griten, ni corran, compórtense con buenos modales, por nada escuchen y mucho menos interrumpan la conversación entre adultos. No me vayan a avergonzar con un mal comportamiento, seremos pobres, pero con buenos modales, si no obedecen las castigaré-. Sentenció Albina.

- Si mamá-, contestaron todas al unísono".

Después de una larga caminata llegaron a la casa de la amiga de Albina, quien con mucha cortesía las invitó a entrar, Albina tomó asiento y comenzaron a conversar de diferentes temas, su amiga le ofreció una taza de té casero de canela, miel y limón, una de las bebidas preferidas de Albina.

Había otros niños más en la casa quienes jugaban y reían y poco a poco fueron incorporándose al juego las niñas, con excepción de Lolita, quien permanecía de pie en la entrada de la casa con sus manos en la parte trasera de su cuerpo a nivel de su cintura y con una postura derecha observaba como sus hermanas se divertían jugando con los otros niños invitados.

Comenzaron los juegos entre los niños y, como es normal, el desorden se apoderó del grupo, situación que incomodó a Albina porque sus hijas estaban involucradas. Hubo un momento en que las miradas de Belinda y su madre se cruzaron y su hija mayor captó el disgusto de Albina debido al comportamiento de sus hijas, pero niñas al fin continuaron disfrutando del momento.

Ya era tarde y Albina decidió que ya era tiempo de regresar a casa antes de que oscureciese, Albina se despidió de su amiga no sin antes disculparse por algún comportamiento inapropiado de sus hijas, su amiga le respondió que no era necesario, son niños y como tal se comportan.

Tan pronto como llegaron a la casa, Albina las volvió a acomodar en hilera frente a ella y les pregunto.

- ¿Recuerdan las instrucciones que les di antes de salir? -

Todas mantuvieron sus cabezas bajas y en completo silencio.

Albina disgustada por la desobediencia de sus hijas les dijo- -Ahora todas están castigadas, todas se quedarán de pie mirando a la pared hasta nueva orden-.

Todas comenzaron a llorar, y Lolita en silencio mientras las lágrimas corrían por sus mejillas, sus piernas delgadas y ya muy cansada por las largas caminatas de ida y vuelta, además de las horas que se mantuvo de pie a la entrada de la casa, le parecía injusto, pero permaneció en silencio. Pasando los minutos las hermanas dejaron de llorar y comenzaron a hacerse muecas burlescas entre ellas, la primera en dejar la pared fue Petronila, quien era muy pequeña para entender, después Stella, Christina y finalmente Belinda. Lolita, por miedo a una nueva represión, prefirió permanecer de pie frente a la pared, ella no tenía muy claro cómo actuar, dudaba si seguir el ejemplo de sus hermanas o esperar que Albina diera nueva orden.

Albina estaba ocupada en la cocina preparando arepas para la cena, ya se le había olvidado el castigo que le había impuesto a sus hijas, cuando la cena ya estaba lista les anunció que las comida ya estaba servida.

Todas se sentaron en las desgastadas sillas para comer, pero Albina se percató de la ausencia de Lolita en la cocina y cuando fue al cuarto la encontró parada mirando a la pared, y le preguntó; ¿-Qué haces aquí y no estás comiendo junto a tus hermanas-? Lolita miró con asombro a su madre sin entender la pregunta con repuesta lógica, pero bajó su mirada como usualmente lo hacía y permaneció callada. Albina tomándola de la mano se la llevó a la cocina junto a las demás mientras pensaba:

"Que niña tan rara".

Después de sentarla y servirle su plato le advirtió que debía comérselo todo, -estás muy flaquita, creo que tu abuela no se esfuerza mucho en obligarte a comer, aquí las cosas son diferentes, de la silla no te levantas sin antes haberte comido toda tu arepa-.

Lolita miró su plato, contemplando el alimento, ella no era desobediente pero no era capaz de darle el primer mordisco a su comida. El comer, para Lolita, era el peor momento del día, su peor pesadilla, debido a su bajísimo apetito y eso se convirtió en su mayor suplicio.

Llegada la hora de dormir, oscurecía temprano por falta de electricidad en el barrio y tan sólo una lámpara de aceite alumbraba el hogar, todas estaban ya acostadas en sus hamacas menos Lolita que aún seguía sentada con su plato y sin haber probado siquiera un bocado de comida. Albina fue a la cocina para apagar la lámpara de aceite cuando vio a Lolita cansada y triste, su madre sintió un dolor inmenso al verla en esa condición y ella sin saber cómo ayudar a su pequeña y extraña hija, quitándole el plato de sus delgadas manos le dijo: -vete a dormir, tal vez mañana tengas algo de apetito-.

EL PERICO VERDE

C hristina, a sus cinco años disfrutaba la vida que llevaba con su tía consentidora, pero sentía un gran amor por su madre, era muy pequeña para saber y comprender la otra realidad que vivía su mamá y sus hermanas a nivel económico, ella si notaba la diferencia de las comodidades que ella gozaba, pero Lolita por estar en su mundo nunca pensó en ello.

Bienvenida les demostraba amor a todas sus sobrinas en diferentes maneras, ella trataba dentro de sus posibilidades complacer y hacía lo posible por cubrir algunas necesidades, pero eran cinco niñas se hacía cuesta arriba abarcar sobre todo los juguetes que tanto les gustaba. Lolita pasaba más días con su abuelita y no sentía esa necesidad de tener tantos juguetes como las demás niñas, ella podía jugar sola con cualquier cosa. Tenía un hermoso juego de té que consistía en una tetera, tazas con sus platitos, cucharitas, una azucarera y el jarroncito para la crema, y lo usaba con el único propósito de invitar a su amigo imaginario a la "hora del té" y estar con él el mayor tiempo posible. Muchas veces sin emitir palabra alguna las conversaciones duraban horas y ella miraba con estupor su hermoso y resplandeciente rostro que se reflejaba siempre en la posición de un reloj, marcando las 3 de la mañana.

Un día, al mediodía una vecina de Estílita fue a visitarla con su nieta que sería como dos años mayor que Lolita, cuando la niña vio a Lolita jugando sola en el suelo con su juego de té decidió unirse a ella y jugar juntas.

De repente llegó Bienvenida con Christina para llevarse a Lolita por ese fin de semana, Lolita miró a su hermana y le sonrió y con la mirada la invitó a que se uniera al juego de té; Christina prefirió permanecer de pie y observar cómo jugaban ambas amigas en completo silencio, finalmente, Christina con mala actitud dijo: -Ya es hora de que nos vayamos Lolita, ustedes dos pueden jugar cualquier otro día- y mirando a la niña le dijo: -Además, Melita, tu abuela hace rato que ya se fue, debe estar esperándote en tu casa, nos tenemos que llevar a Lolita y tía también nos espera-. Lolita se sintió avergonzada delante de su nueva amiga a la que apenas conocía y su hermana le hablaba con poca delicadeza y educación. La nueva amiga de Lolita se levantó del suelo y mirándola le dijo: -No te preocupes, jugaremos nuevamente la próxima semana-, Christina no soportó la actitud cretina de Melita y velozmente le bajó los pantalones a la niña y fueron cayendo al suelo algunas piezas del juego de té de Lolita, Christina le advirtió: -No quiero volver a verte cerca de mi hermana, ladrona-. La cara de la niña se enrojeció de la vergüenza por haber sido pillada en un acto tan vergonzoso y salió corriendo de la casa. Lolita quedó mirando perpleja sus piezas del juego de té, no entendía cómo podrían haber caído del pantalón de su amiga y con su voz inocente le preguntó a su hermana: ¿Qué Pasó? ¿Por qué mi juego de té estaba dentro de los pantalones de Melita? tratando de armar ese rompecabezas en su mente, entonces Christina, ya con poca paciencia le dijo: Apúrate, nuestra tía nos está esperando, no te das cuenta de nada de lo que pasa a tu alrededor, esa no es tu amiga, te estaba robando dos tazas, dos platitos y la azucarera.

Ya en casa de Bienvenida Christina se apresuró a su cuarto para no perderse su show de televisión preferido, Bienvenida fue al lavadero para lavar la ropa en su antiguo lava ropa de rodillos, mientras Lolita seguía los pasos de su tía cuando alguien tocó a la puerta, se trataba de una vendedora que ofrecía diferente tipos de mercancía a buenos precios, Bienvenida se ocupó atendiendo a la señorita mientras Lolita se quedó en el cuarto del lavadero esperando por el regreso de su tía y estando sentada en una banca vio como inexplicablemente **el lorito verde** se escapaba de su jaula, Lolita no sabía si eso era normal y que habitualmente el lorito podía salir de ella, pero notó que el lorito se acercaba a la lavadora revoleteando y percibió el peligro, así que fue en busca de su tía. Cuando llegó a la sala se dio cuenta que su tía estaba conversando con una persona adulta, sabía muy bien las reglas: nunca interrumpir conversaciones entre adultos.

Lolita tuvo una nueva idea y corrió al cuarto de su hermana y la llamó "¡Christina, Christina!" pero su repuesta fue un retundo "SHHH, estoy mirando mi programa de TV favorito, no me interrumpas".

Lolita regresó al lavadero y vio que el lorito estaba en serios problemas, así que respirando profundo para llenarse de valentía regresó a avisarle a su tía y cerrando los ojos susurró ¡tía, tía!, Bienvenida no pudo escuchar su débil voz, así que Lolita haciendo un tremendo esfuerzo se acercó aún más a su tía y le haló la falda repitiendo ¡tía, tía! Lolita había llegado muy lejos y Bienvenida toda enfadada le gritó: ¿Cuántas veces tengo que repetirte que cuando los adultos hablan los niños no interrumpen?

Lolita bajó su mirada llena de vergüenza y con dolor en su corazón por el tono de voz que su dulce tía le había hablado, Lolita entonces no sabía cómo salvar el lorito, solo regresó al lavadero para chequear al periquito, pero ya no lo vio más, entonces Lolita se paró en un rincón del cuarto del lavadero esperando el regreso de su ti.

Después de comprar algunos artículos a la vendedora, la tía regresa al lavadero para finalizar la faena del lavado de la ropa.

Bienvenida comenzó a sacar pieza por pieza y pasarla por el rodillo para exprimir la ropa y de repente gritó con horror y dolor:" Oh, mi pequeño periquito, mi periquito está muerto", y mirando a Lolita le

preguntó: ¿Viste algo? ¿Cuánto tiempo llevas aquí en el lavadero?
Lolita estaba muy asustada, pero le respondió:

-Yo traté de decirte, pero no me dejaste hablar-.

- ¿Por qué eres tan estúpida-? Ahora mi periquito está muerto y
todo por tu culpa, por tu incompetencia-. Lolita sintió como su orine
corría por sus piernas y corrió aterrorizada al patio trasero de la casa.

Lolita estaba confundida, no entendía al ser humano, en ese
momento quería desaparecer, se sentía culpable, ella sabía que la culpa
era de ella y de nadie más, se sentía miserable, siendo testigo de su
malestar emocional el silencio del lugar lleno de árboles y se dijo a sí
misma: ¿Que hago yo aquí?

Yo no soy de este mundo.

La brisa de la tarde ya avanzada acariciaba sus mejillas humedecidas
por sus lágrimas, entonces Lolita movió su rostro en dirección de las
agujas del reloj (**3:00 A.M.**) y le dijo a su amigo imaginario: -Ya no
quiero estar aquí, ¿cuándo me llevarás a nuestro mundo-?

Ya comenzó a oscurecer y poco a poco Lolita se recuperaba de la
angustia por la trágica muerte del periquito verde y decidió contemplar
el cielo estrellado, una sonrisa se dibujó en su rostro y si por ella fuera
viviría feliz en ese patio de la casa de su tía, o en el jardín de su abuelita,
o tal vez , huir de la ciudad, para vivir en una cabaña ubicada en una
montaña o un bosque con riachuelos con un sendero que los llevaría a
ella y a su amigo entrañable a ese mundo maravilloso al que pertenecían
los dos; a ese mundo parecido al que vio en un libro ilustrativo en el
cual existía un paraíso donde convivían mariposas, aves, lobos y ovejas,
leones con venados en perfecta armonía.

Su amigo le hizo ver lo tarde que ya era, tiempo de regresar a casa y
lolita dócilmente le obedeció.

Christina y Lolita ya dormían plácidamente y como de costumbre,
Bienvenida, fue al cuarto de las niñas para asegurarse que todo estaba
bien, miró a Lolita y sintió un sabor amargo y se preguntó: ¿Qué vamos

a hacer contigo Lolita? ¿Por cuánto tiempo más vas a vivir en ese mundo imaginario que te tiene atrapada?

La frágil salud de Lolita iba en declive y ese extraño comportamiento cada vez se evidenciaba ya que cada día se sumergía más en ese mundo lejos de la realidad, todo esto preocupaba más a su tía Bienvenida.

SEÑOR ANTONIO

La tienda de motocicletas donde Bienvenida trabajaba como administradora tenía un salón en toda la entrada de exhibición, había motos nuevas y usadas de diferentes marcas, colores y precio, la motocicleta marca Vespa color celeste era la atracción de la sala y todas las mujeres que iban a la tienda la admiraban, incluso Christina y Lolita se tomaban fotos en esa Vespa celeste. En la parte trasera de la tienda se encontraban los repuestos de reparación y accesorios para motos, todos bien acomodados según el número de serial, mientras en el centro de la tienda estaba ubicado el escritorio de Bienvenida con una máquina registradora. En la tienda había un patio techado en la parte trasera donde operaba un taller de mecánica para motocicletas.

Además de administrar la tienda, las responsabilidades de Bienvenida incluían coordinar eventos motociclistas a nivel nacional e internacional promovidas por el dueño de la tienda, el señor Antonio Franceschi.

Bienvenida era una excelente ejecutiva que sabía cumplir con cada proyecto encomendado, su jefe podía contar con ella con toda confianza en sus habilidades para cualquier eventualidad.

El Señor Antonio, de nacionalidad italiana, tenía 39 años de edad, un hombre enérgico, lleno de vida, de piel blanca rosácea, cabello rubio y un aspecto físico aproximado a un galán de televisión, tenía un buen sentido del humor que lograba animar a sus trabajadores cansados por la faena diaria. La relación entre el Señor Antonio, el jefe, y su empleada, la Tía Bienvenida era armoniosa y, con el tiempo esa relación fue creciendo con cierto afecto y amistad.

Un día, Bienvenida, mientras estaba tratando de alcanzar una pieza de motocicleta ubicada a lo alto de un estante, parada con la punta de los zapatos hacia el mayor esfuerzo para alcanzarla, el señor Antonio se apresuró a su auxilio y accidentalmente rozó las manos de Bienvenida. A pesar de que era un inocente roce de piel, el incidente causó una sensación electrificante en todo el cuerpo de su empleada, ese estremecimiento que experimentó Bienvenida la hizo sentir muy nerviosa y expectante por lo que trató de evitar contacto visual con su jefe, dando pasitos hacia atrás, ella le dijo: ¡Discúlpeme!

"No! discúlpame tú a mí" y rozando suavemente su rostro la forzó a mirarlo, era justamente lo que ella quería evitar, por el defecto de su ojo visco que la avergonzaba, pero accedió a mirarlo. El señor Antonio ignorando sus pensamientos y sus temores se acercó aún más a ella y rozó sus labios con los suyos y aunque fue un beso sutil agitó la respiración de Bienvenida y sus piernas apenas la sostenían.

Él sonrió con ternura, ella bajó su mirada y con sus mejillas sonrosadas se apresuró hacia su escritorio mientras el señor Antonio llevaba las herramientas a sus mecánicos.

A pesar de ser tan buena trabajadora, a Bienvenida ya le era imposible concentrarse en su trabajo, su mente estaba en alguien más.

Poco a poco Bienvenida recobraba la cordura y trató de acomodar las piezas del rompecabeza en su mente: Estoy segura que este beso para él no significó nada, para él sólo es un juego, él jamás se fijaría en una mujer como yo habiendo tantas chicas sensuales y hermosas en esta ciudad y algunos pensamientos negativos la asaltaron, pensó en su futuro laboral en esa compañía, quizá hoy sería mi último día de trabajo y ya no podré ver a mi bello Italiano, mejor pretendo que aquí no ha pasado nada, pensó Bienvenida. Así transcurrió el día con pensamientos nublados y perturbadores hasta que llegó la hora de cerrar la tienda. Bienvenida tomó su cartera nerviosamente y respirando profundo le dijo a su jefe:" Buenas noches, hasta mañana".

¿Hasta mañana? ¿no pensarás que dejaré ir a mi novia sola a estas horas, yo te llevaré hasta tu casa y me aseguraré de que llegues sana y salva a tu destino, además quedó algo inconcluso entre nosotros, recuerdas?

Bienvenida sintió miles de mariposas revoleteando dentro en su estómago.

Y fue así como este bello romance comenzó.

Una nueva Bienvenida entró a su casa esa tarde, su rostro brillaba, irradiaba felicidad, esa tarde no tenía ganas de hablar con nadie, ni ver televisión, ni siquiera probó un bocado de comida, fue a su cama temprano y en su mente solo existía su jefe, el señor Antonio ¡oh! sus labios, su aroma, esas arruguitas de patas de gallo en sus ojos azules cuando sonreía. "Es demasiado maravilloso para que esté sucediendo de verdad, debo estar sonado pensaba" Bienvenida.

A pesar de toda la felicidad que ya embriagaba a Bienvenida existía un dilema: Por encima del sentimiento por su jefe estaba el inmenso amor por sus sobrinas; ella no pondría en riesgo la armonía que existía entre ellas, el Señor Antonio sabía que ella era soltera pero no sabía que estaba a cargo de esas niñas. Bienvenida las amaba demasiado, no quería separarse de ellas, jamás tomaría ese riesgo, necesitaba resolver ese dilema y ser clara con su jefe y mientras más pronto, mejor.

Al día siguiente, en el lugar de trabajo, el señor Antonio coqueteaba con Bienvenida, silbando y dándole demostraciones de cariño, evidentemente quería que todos en su negocio de motocicletas supieran de su nueva relación y la comenzó a llamar "Mi bella despeinada". Durante toda esa mañana, Bienvenida no dejaba de pensar como decirle la verdad al Señor Antonio. Su corazón se oprimía pensando que ya la magia estaba por desvanecerse en cualquier momento...

Era la hora del almuerzo, hora de cerrar la tienda, pues la jornada de trabajo se dividía en dos turnos, el señor Antonio invitó a Bienvenida a comer en un pequeño y acogedor restaurante italiano, no muy lejos de la tienda de motocicletas, el restaurante tenía pocas mesas, todas vestidas con los tradicionales manteles de cuadros blancos y rojos y ya en la mesa del restaurante el señor Antonio tomó las manos de Bienvenida entre las suyas y las besó tiernamente y luego acercándose a ella le robó un beso que le supo a miel a la delgada y despeinada mujer.

Después él comenzó a hablarle a Bienvenida lo importante que ella era para su vida, Bienvenida estaba hechizada con sus palabras, ella no quería romper esa burbuja mágica, y permanecía en silencio, pero al mismo tiempo necesitaba decir esas palabras que tanto temía pronunciar. El señor Antonio la conocía muy bien y sabía que había algo que la incomodaba y le preguntó: ¿Te sientes bien? te noto intranquila, no me estás regalando esa sonrisa que tanto ilumina mi vida-. Esta era la oportunidad para hablar, pensó Bienvenida y, seguidamente le dijo: Necesito que sepas algo que no sabes de mí. El señor Antonio se acomodó derecho en su silla con una mirada segura, listo para resolver cualquiera que fuese la situación, la miró fijamente a los ojos y le dijo: "Soy todo oído" dime:

-Esta es una situación muy difícil para mí, pero es necesario que sepas la verdad. Yo no vivo sola-.

Un escalofrío cubrió toda la espina dorsal del señor Antonio, finalmente Bienvenida tomó coraje y le dijo: Vivo con dos sobrinas a las que quiero como si fueran mis hijas.

¡Ah! suspiró el señor Antonio con alivio, quien ya había hecho planes con esa cautivadora mujer después de haber pasado por un doloroso proceso de divorcio.

- ¡Oh! Christina y Lolita, ya escuché hablar de ellas cuando le comentabas a tus compañeros de trabajo, a propósito, ¿Cuándo podemos llevarlas a comer un delicioso helado?, esta tarde sería perfecta- dijo él. Con esta confesión el rostro de Bienvenida se iluminó aún más, Bienvenida sonreía nerviosamente y le respondió tan pronto como sus emociones se lo permitieron: -Esta tarde podríamos llevar a Christina, Lolita está pasando unos días con su abuela-.

Perfecto, replicó su jefe: -Ahora podríamos continuar nuestra conversación anterior, era una charla silenciosa donde nuestros labios se unieron, ¿lo recuerdas?

Bienvenida se ruborizó y bajando su mirada, deseando en silencio que él no perdiera más el tiempo y le permitiera disfrutar del sabor de esos labios tan deseados por ella.

Esa tarde los dos llegaron frente a la casa de Bienvenida y, Christina, quien se encontraba en el porche, vio un lujoso carro deportivo color rojo estacionarse frente a la casa y enseguida pensó: ¡WOW! Nadie en este vecindario tiene un auto tan lujoso como este. La emoción de Christina aumentó cuando vio salir del automóvil a su tía tomada de la mano de un atractivo caballero, y corriendo hacia ella con una brillante sonrisa, llena de alegría le preguntó: ¿Es este tu novio, Tía? que buen gusto tienes, y que calladito lo tenías...

El señor Antonio quedó impresionado por la personalidad despabilada de esta niña y le dijo: -Estoy seguro de que nos vamos a llevar muy bien-.

Bienvenida no cabía en ella, estaba contenta de ver la conexión positiva que hubo entre su amado y Christina y sus ojos destellaban luces mientras contemplaba a su príncipe azul.

Mientras transcurría el tiempo, Bienvenida se iba enamorando cada día más de su romántico novio italiano. Sin embargo, ya llevaba dos semanas sin ver a Lolita, sin saber de ella, de su salud, de su estado emocional y a pesar de las emociones que Bienvenida sentía por su amado, comenzó a extrañarla, quería y debía verla pronto.

Dos días después, Bienvenida y Christina fueron a buscar a Lolita en casa de la abuela y mientras Christina estaba apresurando a Lolita para que se fueran con ellas, Bienvenida comenzó a contarle a su madre la buena noticia: Mamá, creo que soy la mujer más feliz y afortunada de este mundo ¿-adivina qué? ¡Tengo novio! Es mi jefe, se llama Antonio no es muy alto, pero es muy bello, inteligente, caballero, simpático y muy educado. Imposible de enumerar todos sus atributos y, lo mejor de todo, es que me ama tanto que no le importaría hacerse cargo de las niñas. ¿Sabes qué? Hasta se ofreció a ayudarme con darles educación universitaria cuando crezcan ¿lo puedes creer? ¡es algo maravilloso!

Estílita miró a su hija con una mirada desconcertada y pensó: ¿Cómo una mujer de su edad puede confiar en un hombre ciegamente? ¿Cómo no se da cuenta que él lo que pretende es jugar con ella? y le dijo con voz consternada: - Bueno, ya eres mayor de edad para tomar tus propias decisiones, pero yo me mudo contigo, en ninguna circunstancia te dejaré sola en manos de un forastero: ¿Que sabes sobre él? ¡Nada! Quién sabe los verdaderos motivos que lo hicieron migrar de su país.! ¡Imagínate! hasta podría ser un pervertido. Date cuenta Bienvenida que ni siquiera son tus hijas, son solamente tus sobrinas, no te olvides de ese detalle. No voy a permitir que te lleves a Lolita, a menos que yo esté presente para vigilar de cerca-. Terminando así su decidido discurso.

¡Pero mamá! ¿por qué tienes que ser siempre tan desconfiada? ¿Tú crees de veras que por el hecho de que yo sea una mujer simple y sencilla cualquier persona puede tomarme por tonta-? Bienvenida jamás esperaba tal reacción de su madre, debería estar feliz que por fin alguien se había enamorado de su hija, que la amara, la considerara como mujer y como compañera de vida.

" Ya dije mi última palabra" contesto" Estílita.

¡Acepto!, replicó Bienvenida, de todas maneras, te necesito a mi lado, la niñera del vecindario que cuida a Christina mientras trabajo me acaba de pedir un aumento, necesito reunir dinero para comprar una casa y no perderlo rentando, pero mamá, eso sí, te ruego por lo que más quieras que no lo vayas a ofender con malos gestos, suplico Bienvenida.

¡Prometido! respondió Estílita a regañadientes.

Al día siguiente el señor Antonio tocó la puerta de la casa donde vivía su bella despeinada y Bienvenida se apresuró a abrirla antes que su madre lo hiciera, después de saludarlo le dio la noticia que ahora tanto Lolita como su madre se habían mudado definitivamente con ella.

El señor Antonio se puso nervioso, la tradicional incertidumbre que se siente al momento de conocer a la suegra. Bienvenida lo invitó a entrar y le ofreció un vaso de jugo de fruta fresca hecho en casa, el señor Antonio aceptó gustosamente. Bienvenida llamó a su madre y a Lolita para presentarles a su novio, Estílita después de observarlo detenidamente de pies a cabeza, mirándolo de una manera profunda a sus ojos como tratando de encontrar cualquier evidencia que pudiera validar sus sospechas.

-Mucho gusto en conocerla señora, ya sé que se ha mudado con su hija para hacerle compañía, lo cual me parece una excelente idea, nos estaremos viendo seguidamente-.

-Por supuesto, Antonio, dentro de mis planes no está el dejar a mi hija expuesta a que cualquier intruso quiera tomar ventaja de ella-.

Bienvenida se llenó de vergüenza ante el desaire que le había hecho su madre al amor de su vida, rompió su promesa, pensó, mientras rogaba a Dios que eso no ahuyentara a su querido italiano.

Christina al escuchar la voz del señor Antonio corrió hacia él dándole un abrazo y una bienvenida afectuosa.

Lolita observaba la escena a distancia, con la timidez que la caracterizaba, con su carita mirando siempre hacia abajo y su usual pose que la caracterizaba y Bienvenida, tomando de la mano a su novio, se aproximó y le dijo:

"Ella es Lolita".

El señor Antonio esperaba la misma reacción que tuvo Christina al conocerlo, pero fue completamente lo opuesto, él se acercó más y le dio un beso en la mejilla, Lolita lo miró tímidamente, pero con una dulzura en sus ojos que retrataban inevitablemente su alma transparente y pura. Christina interrumpe ese momento preguntando con entusiasmo ¿Vamos a la heladería? Prometiste que cuando estuviera Lolita íbamos a ir todos juntos.

El señor Antonio se dio cuenta de la difícil y extraña personalidad de Lolita, pero sabía bien que Christina, quien, desde el principio, había simpatizado con él lo aproximaría poco a poco a Lolita, además pensó: "No hay nada que un buen helado no pueda remediar esta situación". El señor Antonio sabia cuán importante eran esas niñas en la vida de su bella despeinada, buscaría a toda costa ganárselas, algo que no era difícil para él, adoraba a los niños, él era padre de dos hijos, Bruno y María Enza, de su primer matrimonio que vivían en Italia. Christina era una niña adorable, más fácil de querer, Lolita era muy extraña, pero él estaba decidido a ganarse su confianza y cariño, así que volviendo su rostro hacia Lolita dijo: "solamente si esta princesita viene con nosotros" Lolita, ¿te gustaría saborear un rico helado? ¿Tal vez de chocolate, el sabor preferido de tu hermana? pero también hay de vainilla y fresa. Lolita abrió los ojos llenos de ilusión, pero no emitió palabra alguna. Christina ya ansiosa dijo: "Sé lo que ella piensa, ella dice que por supuesto quiere helado" ...

Al señor Antonio se le escapó una dulce sonrisa ante la ocurrencia de Christina, y dijo: "Esta bien, vamos a disfrutar de los mejores helados de toda la ciudad". Ya en la heladería todos ordenaron el helado de su sabor preferido, incluyendo Estílita, a excepción de Lolita quien miraba extasiada la publicidad que ilustraba una banana Split, Christina quien había aprendido a conocer a Lolita a través de sus miradas y expresiones se adelantó y dijo: **"Lolita quiere la Banana Split"**.

Todos estaban disfrutando de sus helados ya sentados en una mesa situada en la parte exterior del local donde la brisa suave los acariciaba a todos y miraban con detenimiento los transeúntes que solían pasar por esa heladería, de pronto, comenzaron a observar con curiosidad como Lolita movía los labios como si conversara con alguien mientras deleitaba su helado, todos se miraron entre si con una mezcla de estupor confusión, pero a la vez de satisfacción viendo como Lolita disfrutaba ese momento.

"Que niña tan extraña" pensó el señor Antonio.

SABANETA

Después de un par de años Bienvenida ya había reunido suficiente dinero para comprarse su propia casa, había encontrado una pequeña acorde con su presupuesto, localizada en una vecindad llamada Sabaneta en su ciudad natal Maracaibo, Venezuela. La casa tenía un patio no muy grande pero lo suficiente como para edificarle una pieza adicional a su hermana Albina, por lo menos tendría electricidad y Christina y Lolita podrían compartir más tiempo con su madre y sus otras hermanas.

La escuela primaria estaba cerca de tal manera que ellas podrían ir y regresar caminado.

Christina estaba ya ansiosa para comenzar la escuela, pero era necesario para ambas pasar por una prueba de conocimientos y facultades para la admisión en sus respectivos años escolares de acuerdo con sus edades.

Bienvenida les pagó unas clases privadas a ambas niñas, las cuales tomaron sacándoles la mayor productividad en tiempo récord. Aprendieron a leer, escribir y algo de matemática, lo esencial que les requería la escuela para poder ir, Lolita a primer grado y Christina a segundo grado.

El primer día de escuela llegó y Christina se levantó muy temprano, no quería llegar tarde a su primer día de clase. Lolita, quien aún dormía mientras su abuelita la vestía y luego la trataba de despertar con besos y caricias estaba soñolienta mirando a su abuelita con ojos dormilones: ¿Abuelita, tengo que ir?

"Me temo que sí, pero estarás de regreso al mediodía".

Christina escuchó decenas de recomendaciones, especialmente de cómo cuidar y proteger a su hermanita.

Christina al llegar a la escuela y tomo de la mano a Lolita y la condujo a su salón de clase y le dijo: "Desde ahora en adelante durante este año escolar este será tu salón de clases, aquí tienes que venir todos los días, no siempre te voy a poder traer porque mi salón queda al otro extremo y temo que vaya a llegar tarde, presta atención: Vas a escuchar un ruido, puede ser el de una campana o de un timbre, es para anunciar que llegó la hora del recreo, me esperas aquí, no te muevas, que yo vendré y la pasaremos juntas en ese tiempo".

Christina mientras estaba en su clase no pudo contener sus ansias y con excusas de que necesitaba ir al baño, fue a ver a Lolita, y la vio sentada en el pupitre que le había asignado la maestra, vio tiernamente a su hermana y cambiando su mirada volteó a ver a los demás compañeros de clases y con su mirada les decía: No se atrevan a maltratarla...

Llegó la hora del recreo y un timbre sonó tal como Christina ya se lo había explicado y la maestra mandó a todos los niños a salir de salón de clases y formar una fila en la entrada. Lolita se angustió y pensó: ¿Qué hago? Christina me dijo que de aquí no me moviera, pero la maestra quiere que salga, vio como todos salían del salón y ella con mucha inseguridad se levantó de su pupitre y comenzó a caminar rumbo a la bendita fila toda desordenada, donde los niños corrían y se empujaban para lograr ventaja en la fila. Lolita estaba aterrada y no sabía dónde ir para escapar de ese momento que le causaba tanta angustia. Christina, quien venía por ella, observaba desde lejos a Lolita y se apresuró para lograr rescatarla y sacarla de ese ambiente del cual ella no estaba acostumbrada. De pronto, Lolita escuchó una voz susurrándole al oído: "No temas, Yo estoy contigo y te resguardaré". Era la voz de su amigo imaginario, ¡que alegría escucharlo entre tanta confusión! Ella le sonrió y su Paz invadió todo su ser.

Al día siguiente Christina se despertó temprano nuevamente, pero su abuela estaba preparando el desayuno y Christina mirando a su hermana aún dormida le dijo: "Despiértate, perezosa, vamos a llegar tarde a la escuela" mientras le ponía las medias a Lolita algo enojada y comenzó a quejarse: "No me parece justo, yo solamente soy un año mayor que ella, me tengo que vestir yo y luego vestir a mi hermana mientras ella solo duerme". Lolita no entendía la necesidad de que ella fuera a la escuela, no le veía sentido, ya había muchos niños y a ella no la necesitaban en el salón de clase.

"Apúrate o no respondo". Dijo Christina.

Finalmente, las dos hermanas partieron a su segundo día de clases.

Esta vez Christina se entretuvo con nuevas amigas y Lolita vio como casi todos los niños corrían hacia la misma dirección gritando eufóricamente, Lolita con la certeza de que su amigo estaba con ella se aproximó al círculo hecho por los chicos más grandes que ella, como de quinto o sexto grado. Lolita con curiosidad se acercó para ver qué era lo que les divertía tanto a esos muchachos y vio dos niños peleándose a golpes hasta sangrar, Lolita no podía creer lo que sus ojos veían con horror, se estaban golpeando el uno al otro como bestias y lo más increíble era que los demás chicos disfrutaban del espectáculo tan repugnante. Lolita cerrando sus ojos le susurró a su amigo imaginario: "Por favor sácame de aquí". El timbre se escuchó anunciando el fin del recreo y en cuestión de segundos el circulo se deshizo y todos los niños aún excitados por la adrenalina corrieron como cabras en manada, muchos se caían al suelo y otros los pisaban. Lolita ni se movió como se lo había sugerido su amigo, pronto todos los niños estaban en sus respectivas clases y Lolita a pesar de que estaba en medio de todo ese alboroto y corriendo locamente cerca de ella ni uno de ellos siquiera la rozó y Lolita fue a su clase sin un rasguño.

Al llegar a la casa todos las estaban esperando para compartirles la buena noticia: Albina por fin había dado a luz a su único hijo y lo llamó Porfirio. Todos estaban emocionados, contentos y con gran curiosidad rodearon al niño mientras Albina le cambiaba el pañal y todas asombradas se acercaron para verlo desnudo, era el único varón. Todas se peleaban por cargarlo, algo que Albina no les permitió el primer día, prefería esperar que Porfirio tuviera por los menos un mes más de nacido.

DAKOTA DEL NORTE USA

Mientras tanto, desde Venezuela, South América, a miles de kilómetros, para ser más exactos 9.703,69 kms, en un pequeño pueblo llamado Anamoose vivía una familia, un matrimonio con cuatro hijos varones conocidos como "Los Larson".

Lawrence, era un hombre guapo que pudo haber sido una estrella de cine, media seis pies, 7 pulgadas, de figura delgada, pero con músculos bien formados y definidos que delataban su fuerza bruta, tenía un cuerpo de atleta pues había sido jugador se basquetbol durante sus estudios secundarios, rubio de ojos azules, sus pómulos bien marcados y de mandíbula fuerte; pero difícilmente Hollywood lo hubiese podido descubrir en ese pequeño pueblo en Dakota del Norte. Era Un pueblito de no más de 100 casas y 300 pobladores, había sólo una escuela donde los niños cursaban desde kindergarten hasta secundaria, un pequeño bar en el cual de vez en cuando se juntaban algunos residentes para hablar sobre los temas más importantes del vecindario, a decir: La cosecha, el clima y el deporte. El pueblo también tenía un parque público con diez mesas y un asador además de algunas sencillas atracciones para los niños que disfrutaban al máximo en verano, pues sabían que pronto llegaría el largo invierno que duraba siete meses, una pequeña ferretería y por supuesto un modesto mercado donde vendían lo esencial, una estación de policía que no tenían nada que reportar al igual que la estación de bomberos. Lawrence era un hombre sencillo, calmado y de muy buen humor, se había casado de veintiún años de edad con una linda chica de quince años que estudiaba, por supuesto, en su misma escuela, la única que existía.

La verdad no había mucho en que entretenerse en ese pueblito, pero se vivía en paz, Lawrence trabajaba en una granja, vestido con el típico traje de vaquero, correteando las gallinas al atardecer para sobre guardarlas de cualquier animal depredador que abundaban en ese lugar. Por las mañanas se despertaban al canto de los gallos que les anunciaban la llegada de un nuevo día de jornada.

Betty, su esposa, era de pequeña estatura, rubia de ojos azules, tanto ella como Lawrence eran descendientes de alemanes, rusos e irlandeses que habían llegado a los Estados Unidos en búsqueda de una mejor vida en plena segunda guerra mundial. Betty, a pesar de que era mucho menor que su esposo era de carácter fuerte y decidido, y era ella la que había tomado las riendas del hogar. Betty con modales muy refinados nunca tuvo la necesidad de alzar su voz, se imponía a través de su mirada y su voz dulce pero muy determinante.

De sus cuatros hijos varones, Len era el mayor, le seguía Marlon, Darwin y el menor Bob. Todos ellos habían sido muy bien instruidos desde pequeños para esforzarse y poner lo mejor de sí en todas sus tareas; honestos, honrados, hombres de bien, todos iban a la misma escuela. Betty era obsesiva con la limpieza y el orden de su pequeña casa y todos tenían que cooperar con el trabajo doméstico. Después de hacer las tareas escolares, Bob, era un poco diferente en su manera de ser, casi no pronunciaba palabra, pero observaba todo y trataba de acomodar a su corta edad sus ideas en su cerebro, todo basado en las escasas instrucciones de su madre y lo que aprendía en sus primeros grados de estudio. Aprendió a leer muy pronto y en su mente creía que los libros eran como tesoros que escondían misterios muy valiosos. Betty, su madre, les había dicho muy claro y una sola vez, pues ella no repetía dos veces sus palabras, por lo tanto, cada uno tenía que darse cuenta de lo que estaba ocurriendo a su alrededor y saber tomar por sí mismos la mejor decisión para sus vidas.

Un día Betty comiendo todos en la mesa, les informó a sus cuatro hijos su decisión; cada uno, al cumplir los diecisiete años, debería mudarse y empezar su propia vida, los hermanos se miraron entre sí, quedaron en silencio pues no había nada más que decir.

Los niños se fueron a dormir después de haber ayudado a su madre con la limpieza de la cocina, al llegar a sus habitaciones comenzaron a pensar cada uno por separado que harían con su vida al cumplir la edad en que deberían dejar el nido. Len sería el primero en irse por ser el mayor, pero por ahora sólo tenía catorce años, así que tenía tiempo para pensarlo. Habían vivido toda la vida en ese pequeño pueblo con unas cuantas calles, y apenas trecientas personas, Len, el mayor era el más preocupado, pues era el primero que tendría que marcharse, pensó en su pueblo y las oportunidades que tendría: ¿quizá policía?, ¿bombero? ¿Granjero? pero antes de seguir especulando en las posibilidades de trabajo razonó: Tendría que esperar que una casa estuviese a la renta y si él podría pagarla con el sueldo que ganaría si por suerte consiguiera algo que hacer en Anamoose.

LA FAMILIA

Bienvenida y su amado decidieron vivir juntos en la casa del señor Antonio, ubicada en la parte norte de un barrio llamado Sabaneta, era una casa muy grande y cómoda, mientras Albina también hacía lo propio en otro lugar situado a una hora y media de camino.

La casa del señor Antonio tenía dos grandes estacionamientos donde cabían cómodamente cuatro autos en cada garaje, uno de ellos estaba techado mientras el otro permanecía al descubierto, desde la entrada del portón a la entrada de la puerta principal había un bello y cuidado jardín ornamental muy bien elaborado que llegaba hasta el espacioso porche que abarcaba gran parte del frente de la casa, al lado izquierdo había un patio con árboles y cubierto por un espacio que llegaba hasta el final de una amplia cocina con paredes de bloques recubiertos y muchos ventanales. Llamaba la atención la pequeña, pero muy linda entrada pues los pisos eran de lozas pintadas de colores verdes y amarillos, muy propias del estilo de la Ciudad de Maracaibo, Venezuela. También se encontraba una batea para lavar la ropa y muy ceca la lavadora eléctrica. Dentro de la casa había una pequeña sala de estar seguido de un comedor más amplio, el dormitorio principal con ventanas en vitrales y un baño que tenía una tina al estilo victoriano y un escaparate de madera de roble con la manilla elaborada en cobre con la inicial del apellido Franceschi donde se guardaba la lencería. Una puerta dividía el resto de la casa con unos cuantos escalones más abajo donde se encontraba la cocina principal que era amplia y tenía su desayunador, luego otra sala familiar y tres dormitorios más con un baño adicional. La casa estaba amoblada con muy buen gusto al estilo colonial, lo más impresionante de la casa era el patio trasero, era inmenso, repleto de diferentes árboles frutales, los cuales se regaba con un pozo de agua que operaba tanto eléctricamente como de forma manual, este pozo diseñado por el señor Antonio tenía el propósito principal de mantener sus árboles y su bello jardín de manera impecable. Lolita quedó deslumbrada con ese patio, que para ella era como un gran bosque, un desafío para explorarlo. Había tres árboles de níspero, cinco arboles de diferentes clases de mangos, guanábana, varios de limón, lima, toronja y limonsón, también de guayaba, cajuil, palmeras de coco y otros más. El Señor Antonio era amante también de los animales y en ese mismo patio había gallinas, cabras y hasta unas perezas que dormían en los árboles, daba la impresión de estar viviendo en una cabaña en medio de un bosque de esas que aparecen en los libros de cuentos que solía leer Lolita.

El vecindario creía que la casa estaba embrujada, pues su antiguo dueño poseía morocotas de oro que era una moneda oficial de la época que poseía la gente adinerada, creían que las había enterrado en algún lugar de la casa, es más aseguraban que en horas de la madrugada en el terreno de al lado que estaba cercado con alambre de púas, y que también le partencia a la casa, habían enterrado el motín y luego lo cubrieron con asfalto. Cuando el hombre falleció sus hijos hicieron túneles buscando las morocotas que nunca encontraron, fue cuando pusieron la casa a la venta y el señor Antonio la compró, el vecino del frente aseguraba que cuando él se levantaba temprano, cuando aún estaba todo oscuro el observaba la figura de un hombre parado al lado izquierdo de la casa como protegiéndola o vigilando, cuentos que el señor Antonio nunca creyó.

El señor Antonio estaba muy feliz con su nueva familia adoptada, pero era necesario desde un principio poner reglas para mantener la convivencia en armonía. Estílita al darse cuenta de que iba a anunciar unas reglas, pensó: Sabía que tarde o temprano nos llegaría la cuenta, nada en esta vida es gratis.

El Señor Antonio comenzó diciendo: Como ya se habrán dado cuenta aquí hay una señora que se hará cargo de los quehaceres de la casa. Todo debe estar en su lugar y eso no es responsabilidad de la señora de la limpieza, la hora de la comida en este hogar es sagrado, se come el desayuno, almuerzo y cena a la misma hora y todos tendrán sus asientos asignados, comeremos en la mesa de la cocina, el comedor principal lo usaremos esporádicamente para eventos especiales. Christina y Lolita serán las encargadas de poner la mesa correctamente, es tiempo de que aprendan etiqueta en la mesa, sin importar el menú, en la mesa no debe faltar la botella de vino, queso parmesano, aceitunas, aceite de oliva, pan francés, botella de agua y por supuesto una cesta de frutas recolectadas del mismo patio, no creo necesario recordarles que las manos deben estar limpias antes de comer. El que no esté a la hora de la comida sentado en su asiento no puede sentarse luego, tiene que esperar hasta la próxima comida. Christina estuvo muy de acuerdo con las reglas y siempre le preguntaba al señor Antonio donde debían ir las cosas, como servirlas, quería aprender más y más...

Christina y Lolita conocieron una nueva niña que iba de acuerdo con la edad de ambas, Kelly, una niña con una abundante cabellera rubia y ondulada de ojos color azul rey, muy linda, pero apenas se conocían, y al principio se miraban a la distancia.

Cada vez que Albina iba de visita para ver a sus hijas se quejaba de la manera como estaban cuidando a Lolita, le daban demasiados cuidados para la edad que tenía y eso no era bueno para ella, Lolita no sabía hacer nada por sí misma, ni siquiera vestirse y ya tenía nueve años. Bienvenida le explicaba que ella, aunque fuera su madre, no había sido nunca testigo presencial de sus desmayos, aun así, Albina no estaba de acuerdo con tantos cuidados, Lolita necesita ejercitarse, ser fuerte, aprender a defenderse ¿qué va a ser de ella cuando le toque enfrentarse a este mundo tan duro? Dijo Albina.

Así que a pesar de la edad que ya Lolita tenía la seguían tratando como a una bebé, era muy frágil, sin mencionar lo inocente que era. Christina amaba a su hermana más de lo normal y haría cualquier cosa para protegerla, aunque muchas veces perdía la paciencia porque no se explicaba como Lolita no quería o no podía integrarse al mundo real, al mundo en que ella vivía, en ese mundo que todos vivían.

Christina, movida por el amor que sentía por su madre poco a poco iba sacando algunos alimentos de la lacena tales como frutas, verduras y exquisiteces que el Señor Antonio compraba en tiendas de alimentos italianos y a escondidas de su tía y del señor Antonio se iba caminando hora y media para llevárselos a su madre, sabía que Albina vivía muy ajustada con su presupuesto. Bienvenida y el Señor Antonio se habían dado cuenta de lo que hacía Christina, pero en vez de reprenderla admiraban el gesto y los sentimientos de Christina hacia su madre.

TRAICIÓN.

Bienvenida ya lo presentía, podía sentirlo, sus besos, sus caricias ya no eran lo mismo, su amado italiano estaba teniendo un romance con alguien más, y Bienvenida estaba casi segura de que se trataba de su propia comadre, esa mujer en quien tantas veces confió y le contaba sus cosas creyéndola amiga.

El dolor causado por la traición de su amado era sumamente doloroso, no solamente el dolor, la rabia, los celos y su impotencia estaban haciendo que Bienvenida perdiera su auto control y su dominio propio, ¿Cómo pude ser tan estúpida? Se preguntaba mientras golpeaba su propia cabeza contra la pared mientras por sus ojos corrían lágrimas como torrentes por sus mejillas.

Tal vez sea más bella, más sexy y quien sabe cuántas más cualidades tenga que yo, pero de algo estoy segura, jamás tendrá más dignidad que yo.

Bienvenida sin comunicárselo al señor Antonio, se contactó con personas que había conocido en el negocio de las motocicletas que vivían en Caracas, capital del país y casualmente una de esas personas quería abrir un negocio de instrumentos musicales en una ciudad situada en los Andes de Venezuela llamada San Cristóbal y andaba buscando una persona de confianza para que le manejara el negocio, Bienvenida ofreció sus servicios y el hombre encantado con la idea, pues conocía a Bienvenida, sabía que era una trabajadora incansable, inteligente, eficaz, honesta y leal.

El dueño del lugar le aseguró estar presente para apoyarla el día de la inauguración del negocio y se quedaría una semana más con su esposa para hacerle compañía y darle el empujón que Bienvenida necesitaba para esta nueva aventura.

Bienvenida le habló a su madre de sus planes, los cuales no le gustaron mucho, el tener que alejarse de Lolita era su punto álgido, pero al mismo tiempo se sentía muy complacida por el rompimiento de esa relación en la que ella nunca estuvo de acuerdo y no perdió tiempo para recalcárselo a la ya muy lastimada Bienvenida **¡Te lo dije! ¡Te lo dije!**

- ¡Basta! Ya Basta mamá, ya no me atormentes más, ¿no te has dado cuenta de lo destrozada que estoy? Mañana a primera hora salgo con las niñas en autobús, tú recoge tus cosas y vete con mi hermano, en cuanto esté bien establecida vengo por ti, ¿Y para cuando piensas hablar con Albina, piensas llevarte sus hijas sin avisarle?

Lo he pensado mucho, si le digo no me las dejará llevar, o tal vez sí, no quiero tomar el riesgo, le explicaré cuando haya llegado a San Cristóbal.

Con su corazón hecho pedazos Bienvenida partió al día siguiente con sus dos sobrinas a una ciudad diferente para comenzar una nueva vida lejos del hombre a quien había amado intensamente.

Lolita todavía estaba dormida, ni siquiera sabía que se iban a un nuevo lugar lejos de su abuelita, pero Christina que ya sospechaba lo que pasaba no hizo pregunta alguna, no quería angustiar más a su tía, pero se quedó preocupada por su madre.

San Cristóbal era una ciudad completamente diferente a la ciudad de Maracaibo, ubicada en los Andes de Venezuela, la temperatura oscilaba entre los 12 y 17 grados centígrados por lo que se necesitaba estar abrigados, también tenía montañas llenas de verdor, de gente muy educada que hablaban con acento muy diferente al de la ciudad donde vivían, se trataban de "usted", eran muy formales y las famosas arepas las hacían de harina de trigo y no de maíz como en Maracaibo, eran muy deliciosas.

El edificio donde estaba ubicado el negocio que administraría Bienvenida tenía una callecita que conducía a un pequeño complejo de apartamentos para habitar, muy conveniente para Bienvenida pues le permitiría estar pendiente de sus sobrinas así que de inmediato rentó uno de tres dormitorios.

Al atravesar la calle del edificio quedaba un parque con muchos árboles bien cuidados, ciudad era muy limpia y los ciudadanos que andaban en auto respetaban mucho a los peatones.

Lolita disfrutaba mucho caminar y conversar a solas con su amigo imaginario, le gustaba mostrarle las fuentes de agua y jugar con él, le comentaba cuanto le gustaba escuchar el sonido de la lluvia, en fin,
Lolita seguía siendo la misma.

Para ambas hermanas les era muy fácil ir al trabajo de la tía porque quedaba en el mismo complejo y era muy seguro el camino, compartían con Bienvenida y a veces se quedaban media hora o tal vez más tiempo, pero en realidad no era un lugar muy divertido por lo que ellas no alargaban su tiempo en el negocio. Un día Bienvenida no regresó del trabajo a tiempo, así que las dos hermanas fueron a la tienda de instrumentos musicales y encontraron a Bienvenida actuando diferente, lloraba desconsoladamente, había una botella de licor cerca de ella y hablaba sola en medio de su sollozo. Lolita no sabía ni entendía que pasaba, Christina se percató de lo que estaba ocurriendo se y se lo explicó a su hermana. "Parece que mamá se comunicó con tía y nos quiere de regreso y tía está sufriendo por eso, Christina se veía consternada, ella amaba a su madre y sabía que las extrañaba y, que a pesar de las circunstancias por las que Albina estaba atravesando no las había podido criar junto a ella en Maracaibo, era muy cierto también que hacia sus mejores esfuerzos para verlas de vez en cuando. Christina también entendía su tía, y verla así, en esas condiciones, embriagada más de dolor que de licor la hacían sentir culpable y al mismo tiempo triste y sin saber que hacer.

Bienvenida ya no sabría vivir sin esas niñas que las había amado desde el primer momento que las vio, a Lolita la sacó del hospital desnuda y se la había llevado dentro de su blusa, Bienvenida reconocía el error que había cometido de llevarse a las niñas sin consultarlo con su hermana, pero en ese momento estaba llena de terror, el señor Antonio no la amaba y ella necesitaba aferrarse al amor de esas niñas, ¿porque era tan difícil que la entendieran? repetía la tía Bienvenida constantemente dando rienda suelta a todo ese sentimiento que le oprimía el pecho.

Unas semanas más tarde alguien tocó a la puerta y para sorpresa era el señor Antonio quien no estaba dispuesto a perder a su bella flaquita despeinada y con ruegos y lágrimas en los ojos no le costó mucho obtener el perdón de su amada. Pero había un problema, Bienvenida no estaba dispuesta a devolverse a Maracaibo y él mantenía su negocio de motocicletas que estaba dispuesto a vender, pero mientras se hacia esa transacción, él necesitaba estar pendiente de su tienda pero viajaría todos los fines de semana mientras vendiera tanto el negocio como su casa y se mudaría a San Cristóbal con su flaquita y empezar a recuperar no sólo el amor sino la confianza de su familia, entre tanto eso ocurriera le pidió a Bienvenida que buscara una casa para comprarla, en una de las zonas más exclusivas de la ciudad llamada Pirineos.

Después de largos años esperando concebir un hijo, Bienvenida finalmente obtuvo el milagro deseado y en su vientre crecía el resultado de ese amor gran que ambos se profesaban, Bienvenida estaba feliz...

La noticia corrió como pólvora, la buena nueva llenó de regocijo a toda la familia incluyendo a Estílita. Bienvenida disfrutaba mucho ver como su vientre se transformaba en una cuna que albergaba su bebé, era una inmensa bendición.

Christina y Lolita se sumaron a la felicidad de su tía Bienvenida y el señor Antonio le embargaba una gran alegría volver a ser padre de una criatura que viniera del vientre de su amada mujer.

El tiempo del parto se aproximaba y Bienvenida decidió regresar a su ciudad natal, Maracaibo, para estar rodeada de sus seres queridos en ese momento tan especial, decisión que el señor Antonio le complació ampliamente. Mientras Bienvenida estaba en el cuarto de parto el resto de la familia aguardaba impaciente en una pequeña sala de espera. En la pared estaba dos cuadros: Uno con el rostro de un niño y el otro cuadro con el rostro de una niña y, es que esa era la manera de la clínica de anunciar a los familiares si había nacido un varón o una hembra. El señor Antonio estaba demasiado preocupado y ya había fumado más de lo acostumbrado, algo que era preocupante por todos aquellos que sabían los antecedentes familiares sobre los problemas cardiacos, pero la impaciencia del señor Antonio era tal que no podía contener el deseo de fumar. Finalmente, uno de los cuadros se ilumino que anunciaba que era una niña. Todos en el cuarto aplaudían, reían, brincaban y otros con lágrimas demostrando así en diferentes maneras sus emociones. El señor Antonio fumó ese día más de lo que fumaba en una semana.

Nathalie había nacido, era una hermosa y sana niña e igualita a su papá, rosada como un pétalo de una rosa recién tomada del jardín, se convirtió en el orgullo de ambos padres, Bienvenida ya de cuarenta años y el señor Antonio de cincuenta y cuatro. Christina ya tenía trece años y Lolita doce y Nathalie había nacido exactamente un día después del cumpleaños de Lolita.

Después de dos semanas regresaron a San Cristóbal, ya Christina y Lolita habían perdido muchos días de clases y les costaría mucho sacrificio y esfuerzo ponerse al día.

Todos los días Christina y Lolita al llegar a la casa después de la escuela corrían a ver a la pequeña Nathalie para cantarle, cargarla, mecerla, en fin, mimarla, pero un día Bienvenida las detuvo y con cara seria y entristecida les dijo: Una nueva regla que Antonio había dado desde Maracaibo por teléfono: Desde ahora en adelante Nathalie solo sería alzada al momento de cambiarle el panal, alimentarla y para lo esencial.

Las reglas son para nosotras, no para Nathalie, dijo Christina, así que nadie se dará cuenta de lo que hagamos aquí, el señor Antonio sólo viene los fines de semana, él ni cuenta se dará si la cargamos o no, Nathalie es nuestra muñequita.

Llegó el fin de semana y el señor Antonio encontró a Nathalie llorando a todo pulmón, era muy difícil para todas ellas escuchar su llanto conmovedor y no poder hacer nada, pero de repente Nathalie dejó de llorar y las tres se miraron confundidas y fueron sigilosamente para chequear a Nathalie y encontraron para su sorpresa al señor Antonio con la niña en sus brazos y hablando con tono de voz como de niño. ¿Qué te pasa mi reina? estas mujeres de aquí que no le prestan atención a esta princesita, ya papi llegó y la va a cuidar como se cuida a una niña tan especial como lo eres tú, la princesa de la casa, la consentida. Bienvenida y sus sobrinas salieron silenciosamente conteniendo la risa hasta que estuvieron lo suficientemente lejos para dar rienda suelta a sus carcajadas.

Nathalie ya tenía tres meses de nacida, todo iba de maravilla, sus vidas eran lindas y bendecidas hasta que una tarde una llamada telefónica que Bienvenida recibió dándole una noticia que le cambiaria su vida para siempre, no solamente la de ella sino también para el resto de las niñas. El señor Antonio, el artífice de la felicidad de Bienvenida, de Christina de Lolita y la recién nacida Nathalie había sufrido un ataque al corazón fulminante causándole la muerte.

Con el corazón hecho pedazos por la pérdida de quien era la cabeza de ese hogar Bienvenida completamente devastada tomó de inmediato un taxi rumbo a la ciudad de Maracaibo. Christina se sentó detrás con Bienvenida quien amamantaba a Nathalie mientras sus lágrimas cada vez eran más amargas, se le escapaban los sollozos y miraba a Christina que también lloraba y le decía: ¿Tía y si es mentira? ¿Y si es una maldad de tu comadre? Tal vez lo que quiere es hacernos daño. Christina anhelaba en su corazón que pudiera ser eso, que todo fuera una trama armada por su comadre para hacer sufrir a Bienvenida, pero la tía no respondía, estaba inmersa en su dolor, pero cuando el taxi se aproximaba a la casa había muchas motocicletas, mucha gente en la casa, mucho alboroto y esas esperanzas se desvanecieron: ¡Es verdad! escena que marcó por mucho tiempo a Christina.

Después de tres días de funeral en la propia casa del señor Antonio seguían llegando personas para ofrecer sus condolencias a los familiares, el ultimo día, su cuerpo fue llevado al cementerio escoltado por una larga caravana de motocicletas y otra de automóviles, el primero llevaba a la triste Bienvenida, Christina y Nathalie. El segundo, llevaba a Albina, Estilita y Lolita, todos seguían el ataúd donde yacía los restos de ese hombre que había hecho tan feliz a Bienvenida, a las niñas y había logrado obtener varios trofeos de carreras de motos representando a Venezuela, país que había adoptado como propio desde el mismo momento que llegó de la lejana Italia.

Los siguientes días estaban llenos de tristeza en la "Casa Grande", así la habíamos bautizado, lucia mucho más grande y vacía sin la presencia del que había sido el jefe italiano de Bienvenida, esa vivienda llena de recuerdos imposible de olvidar. Una magia se había desvanecido y ahora la casa grande, esa que poseía tantas cosas lindas se había convertido en un lugar oscuro, melancólico, sin gracia que hasta los árboles y las flores podían percibir.

Bienvenida, quien había sido hasta ese entonces una mujer fuerte, capaz de atravesar cualquier obstáculo que se le atravesara en la vida, todo su mundo colapsaba frente a ella y era incapaz de poder remediarlo. Albina, mirando la situación de como su hermana que hasta no hacía poco era el pilar de la familia se sucumbía en la más profunda depresión, Albina la visitaba a diario después de su trabajo para apoyarla y darle fuerzas para seguir adelante pero no lo lograba, Entonces tomo la decisión de esforzarse mucho mas y cuando llegaba cansada de su faena laboral se hacía cargo de las tareas de la "casa grande" había mucho por hacer: cuidar del jardín, limpiar la casa y ayudar atender a Nathalie. Albina quedaba exhausta, pero lo hacía con el mayor deseo de que su hermana se recuperara de tan lastimosa perdida.

Gradualmente, con la ayuda incondicional de Albina y de toda la familia, Bienvenida fue recuperándose, pero sin lograr volver a ser jamás la misma persona.

Las niñas las inscribieron en la escuela, ya empezaban los estudios secundarios.

Tras la tragedia de la muerte del señor Antonio, Bienvenida se acostaba en una hamaca que había colgado en el patio sin ganas de hacer nada. Su depresión no le permitía disfrutar de la preciosa Nathalie y mucho menos podía ocupase de los cuidados que le proporcionaba a Lolita, así que cada uno vivía como podía. Estílita quien había regresado a la casa grande para ayudar, preparaba los alimentos y ayudaba en lo que podía, pues estaba ya en edad avanzada.

De repente un día a Lolita le dio un fuerte dolor de cabeza y se acostó por un rato y ese rato se convirtió en días en una cama, no tenía fuerzas ni deseos de nada, solo dormía, situación que obligó a Bienvenida a salir de su letargo y la llevó al médico, ya en la clínica después de algún medicamento que le aliviara el dolor de cabeza le hicieron varios estudios de laboratorios. Dos días después Bienvenida regresó por los resultados de los exámenes hechos a Lolita, estaba vez, Christina las acompañó, pues estaba preocupada por la salud de su hermana.

Sentadas frente al doctor esperando por el diagnostico, el médico extendiendo una carpeta a Lolita le pidió que la llevara a la recepción y se la entregara a una de las enfermeras, Loíta miró con miedo a su hermana y a su tía, ella no sabía dónde ir, la clínica era grande y podía perderse, pero ellas ignorando su mirada, le hicieron señales que saliera. Tan pronto como Lolita salió del consultorio, el doctor les informó a la tía y a Christina los resultados: Anemia hemolítica crónica, ¿Tienen seguro médico? Bienvenida sabía muy bien lo que era anemia, Lolita siempre había sufrido de lo mismo, ella no se había descuidado con sus vitaminas, con el hierro y ácido fólico, pero debido a las hemorragias que había tenido desde su primera menstruación pudieron haber agravado la situación. "Me temo que no tenemos ningún seguro médico" contestó Bienvenida.

- Bueno, por ahora le daré un tratamiento basado en una dieta balanceada y un jarabe estimulante para el apetito, cuatro inyecciones diarias, dos de ellas son muy dolorosas y un cereal mezclado con leche, ese cereal necesita receta médica, no lo venden en los supermercados. La tendremos en la lista de espera para internarla en el hospital público. Quiero que estén conscientes de que su hemoglobina está en estos momentos en seis y que el tratamiento es para mantener ese número, por ahora es imposible mejorar, pero si es posible impedir que empeore, pero si siguen las instrucciones al pie de la letra y logramos que no baje más la hemoglobina, la niña podría vivir dos años, o tal vez más.

En ese momento llegó Lolita super orgullosa de haber podido cumplir con la encomienda solicitada, se sentía satisfecha de haber sabido llegar a la recepción de la clínica y haber entregado la carpeta como se lo había ordenado el médico.

De regreso a casa, Lolita, como siempre en su propio mundo hablando con su amigo imaginario de siempre sin imaginar la tragedia mental por la que estaban atravesando su tía y su hermana. Bienvenida y Christina pensaban afanosamente que era un diagnóstico muy extraño, sus mentes no estaban claras, mucho menos sus ideas, no hace mucho el señor Antonio se había fallecido y ahora esta situación.

Al llegar a la casa, Bienvenida decidió llamar a su hermana para pedirle una reunión urgente para esa misma noche donde estarían presentes Albina, Bienvenida, Belinda, Estílita y Christina. Albina, angustiada pidió que le adelantaran algo, Bienvenida le dijo: Mejor esperamos a estar todos juntos y hablamos, no es cosa de tratar por teléfono. Albina insistió: Necesito que me adelantes algo, la incertidumbre me da más angustia.

Se trata de la salud de Lolita, te espero esta noche.

Sólo la tía Bienvenida y Christina sabían de qué se trataba y los demás se miraban confundidos.

Bienvenida sabía que a pesar de la depresión por la que había pasado por meses no podía permitir que fuera Christina de apenas trece años quien les comunicara la noticia y sacando fuerzas, comenzó a explicarles; Estilita empalideció, esa niña era su vida desde el primer día que nació, Bienvenida la miró con mucho dolor, sabia cuanto la amaba y prosiguió: Ella nos necesita fuerte, y además de la alimentación balanceada, me imagino que quiso decir que necesita comer un poco de todo, y dijo tartamudeando: Necesita cuatro inyecciones de las cuales dos son muy dolorosas y mirando nuevamente a su madre le dijo: Mamá estas inyecciones son necesarias, así que te ruego que no las escondas como lo has hecho anteriormente,! ¡Ah! y un polvo o cereal que solo se consigue en la farmacia, aquí está la receta de los médicos y extendiéndosela a Albina le dijo: Yo no tengo dinero, pondré a la venta la casa de San Cristóbal pero tomará tiempo, Albina tomo la receta y tendría que esperar hasta el fin de semana para comprarla, Estílita entonces sacó una bolsita de tela de corduroy hecha por ella misma que la escondía dentro de su vestido, había unos billetes arrugados y dijo: Para lo que haga falta, no es mucho, pero de algo servirá para comenzar con el tratamiento.

Después de la reunión cada uno se fue a dormir con un vacío en el alma, una sensación extraña que no sabían como controlar.

Christina no podía conciliar el sueño, y cuando por fin el cansancio la dominó, se quedó dormida, pero tuvo una horrible pesadilla donde veía a Lolita desvanecerse como la neblina. Christina se despertó y lloraba angustiosamente pensando que posiblemente muy pronto se cumpliría el pronóstico del doctor: Dos años más, y no sabía cómo resolver, ya no se trataba de protegerla de cualquier otro niño, se trabaja de la muerte. ¿Qué hacer? se preguntaba a sus escasos trece años y pensó: El Doctor dijo que una dieta balanceada podría ayudar a mi hermana, así que fue a la cocina a preparar un batido que contenía cuanta cosa había en la nevera; leche, espinaca, huevos, cebolla, apio, tomate y pimentón verde y conteniendo el llanto se lo llevó a Lolita quien dormía plácidamente y despertándola le dijo sollozando: ¡Levántate! ¡Apúrate! tómate este batido.

Lolita soñolienta miró con asombro a su hermana que rogándole se tomara un batido de color raro, Lolita sin entender nada se sentó en la cama y mientras miraba la conducta extraña de Christina comenzó a tomarse el vaso con ese menjurje tan horrible que le había preparado, tanto que sintió repulsión y arqueó , pero Christina no se daba por vencida y le insistió que debía tomárselo, Lolita no entendía por qué su hermana la quería torturar y mucho menos entendía el dolor de su mirada, Lolita, sin retirar su mirada de los ojos angustiados de Christina, se tomó todo el batido.

Bienvenida sabía que debía tomar las riendas de su hogar nuevamente, por sus tres niñas, Nathalie la había descuidado por muchos meses, así que se fue a la tienda de motocicletas, la vida continúa. Al llegar a la tienda se encontró con un nuevo dueño, el señor Antonio había vendido el negocio y nadie sabía que había hecho con el dinero.

Bienvenida sabia la emergencia en que se encontraban y sin perder mucho el tiempo rentó la "casa grande" y llevó a Lolita y Christina a vivir con Albina, Estílita se regresó con su hijo, quien ya se había casado y Bienvenida se fue con Nathalie a San Cristóbal a vender su casa y obtener un poco más de dinero.

MENDOZA ARGENTINA

Daniel había llegado al aeropuerto y mostrando su pasaporte y permiso para viajar y ya con su Ticket en mano con su asiento asignado miró a su madre no muy contenta por la decisión de su hijo de irse solo a los estados Unidos de América con tan solo dieciséis años de edad, la pobre madre no sabía que recomendaciones darle a ese hijo que le salió atorrante, quien le había sacado el permiso para viajar con amenazas, de que si no le firmaba el permiso no le vería la cara nunca más, su madre sacó de su bolsillo un papel viejo y arrugado con el nombre y la dirección de un conocido que se había ido también a Estados Unidos, precisamente para Nueva York, donde su hijo iba a llegar, y le dijo: Guarda esta información de este viejo amigo que se fue hace algunos años y aún conservo su dirección, tal vez te dé albergue, crecimos juntos en el barrio cuando éramos jóvenes, seguro que se acuerda de mí y te va a tender una mano, y bueno vos sambés que no tengo mucho dinero, pero aquí están cien dólares, estíralos, mira que me costó mucho ahorrarlos.

Una voz femenina en un micrófono anunciaba que los pasajeros ya deberían abordar el avión, Daniel con un bolso en el mano lleno de esperanzas se despidió de su madre y avanzó camino a la aeronave que lo llevaría a cumplir su sueño americano del que tanto había escuchado hablar.

Una vez en el avión no pudo evitar recordar lo que dejaba atrás, su barrio, sus amigos, su casa, su familia, sus abuelos.

Su abuelo, un italiano que había llegado a Argentina huyendo de la segunda guerra mundial, no se imaginó que se terminaría enamorando de una mujer indígena quien también era la curandera de su tribu.

Recordaba la cara del italiano mirando a su chiflada esposa bailando una danza para que callera la lluvia cuando todo ya estaba árido y seco y, cuando llovía mucho y se inundaba la ciudad salía a empaparse del agua que caía del firmamento y bailaba danza diferente, ¿En dónde me he metido? Se preguntaba el italiano confundido y admirado de que sus danzas funcionaban, también preparaba unos jarabes con hierbas medicinales que sanaban a la familia y a su comunidad. Ellos, a pesar de tantas diferencias culturales eran una pareja feliz.

Habían logrado construir una casita con un buen patio, llegaron los hijos y ya la casita estaba como un poco apretada, además, los hijos se casaban y llevaban a sus esposas a vivir con sus padres, los ancianos tenían dos varones y dos hembras, Marina y Leonor.

Marina se casó con un bohemio, un chico encantador que no se preocupaba por nada, su filosofía era que, en la vida, mientras hubiese una guitarra y una botella de vino, todo lo demás no importaba, era romántico y le encantaba componer coplas, mientras Marina trabajaba en una pizzería donde ella presumía saber preparar las mejores pizzas y empanadas de la ciudad. Tenían tres hijos varones, Kito el mayor, Daniel el atorrante y Carlos, el galán de la familia.

Al pasar el tiempo los hermanos de Marina se cansaron de su "simpático esposo" no trabajaba y quería vivir su vida; y la pobre Marina era la que tenía la carga completa de su familia.

El casado, casa quiere, un dicho muy sabio que esta familia no lo practicaba, la única soltera era la buena Leonor, que lo único que hacía era cuidar de todos los sobrinos que cada vez se multiplicaban en la pequeña casa.

Los hermanos de Marina la golpeaban, parece que era normal que los hermanos mayores castigasen con latigazos a sus hermanos menores, aun después de grandes.

Marina solo ganaba el sueldo mínimo y el bribón de su marido se llevaba buena parte de su sueldo y Marina le quedaba muy poco dinero para cooperar con los gastos que ella y sus hijos.

El abuelo era muy fuerte de carácter y usaba ya un bastón y le daba de bastonazos a sus hijos cuando veía que ellos no perdían el tiempo para maltratar a los hijos de Marina, especialmente a Daniel, quien era el más tremendo.

Daniel cansado de ver a su madre en esa situación sin consultar con nadie dejó la escuela cuando terminó el tercer grado, él pensó: "No se' escribir bien, pero sí sé leer y lo más importante en esta vida son las matemáticas, que es lo que mejor manejo. Con lo que he aprendido puedo ya defenderme en la vida y pensando en toda la situación de mi madre creo que ya sé a qué debería dedicarse, a la construcción".

Daniel no se dejaba intimidar por nadie, su padre cuando pasaba tiempo con ellos se dedicaba a enseñarle como era la vida de calle. En una ocasión el padre lo mandó al kiosco que quedaba a dos calles para comprarle unos cigarros y al ver que su hijo en vez de irse directamente al kiosco que quedaba hacia la derecha, Daniel se fue por el lado contrario, tomando el camino más largo. Cuando regresó su padre le preguntó: ¿Por qué eres tan boludo? ¿Por qué no te fuiste por el lado derecho? Daniel avergonzado le dijo: "Es que siempre me agarran a golpes unos chicos más grandes que yo y me quitan la guita o se quedan con la mitad de lo que compro".

El padre miró pensativo al hijo y se quitó la cinto, ¿sabes lo que es esto, pelotudo?

El padre de Daniel era alto y fuerte, mientras Daniel era de baja estatura y delgado y muy enclenque. Daniel miró el cinto y ya sabía muy bien el poder de esa arma. "tomá estos pesos y me traes más cigarros y te vas por el lado derecho y si te dejas amedrentar por esos pillos sinvergüenzas, los golpes que te van a dar ellos son pocos con lo que te voy a dar yo", replicó su padre.

Pero papá, son tres pillos grandes y mirá mi tamaño, ellos ya tienen como quince años y yo apenas tengo nueve...

"Pero si serás boludo, no vas a pelear con las manos, mirá y fijáte que hay a tu alrededor, piedras, palos, lo que encontrés y el primer golpe lo tenés que dar vos, andáte".

Daniel se encontraba entre la espada y la pared, tenía miedo a los chicos pero más miedo a su padre, así que caminado hacia la derecha echaba un vistazo a su padre para darse valor y el padre le hacia una señal que le indicaba que siguiera, ya cerca del kiosco donde solían estar los malandros del barrio, Daniel miraba a su alrededor y divisó varias piedras y, las agarró y, tan pronto como los pillos se le acercaron, Daniel le lanzo' la piedra con todas sus fuerzas y enseguida, antes de que ellos pudieran defenderse, comenzó a patearlos, y viendo un palo cerca se asió de él y los golpeo hasta que salieron huyendo, Daniel compró los cigarros y echó a correr lleno de adrenalina llevándoselos a su padre, quien le dijo: No importa el tamaño ni el número de tus contrincantes, el que golpea primero, eso sí, un golpe fuerte, siempre gana.

En otra ocasión se reunieron algunos amigos del barrio a jugar en el patio de la casa y los sobrinos y el padre quería jugar con ellos, los encaramó en una mesa alta que estaba en el patio y les dijo: Tírense que yo los atajo, y así hicieron, se estaban divirtiendo mucho, se lanzaban y el hombre alto y fuerte los atajaba en el aire, "otra vez, otra vez" gritaban, después de varias vueltas, cuando le tocaba el turno a Daniel que se lanzó alto riéndose y gozando de esa sensación de sentirse en el aire, pero con la seguridad que su padre fuerte lo atajaría como siempre, pero no fue así, lo dejó caer al piso y todos los primos, amigos se burlaron y Daniel golpeado y mirando con asombro a su padre por la vergüenza y la humillación que le había causado, que le dolía más que el golpe de la caída, el padre mirándolo fijamente a los ojos le dijo: Otra cosa que Tenés que aprender es que nunca confíes en nadie, ni siquiera en tu padre. El padre ausente fue el único que se había dado cuenta que Daniel había dejado la escuela y quería dedicarse al trabajo de la calle y él sabía que era un trabajo donde la seguridad y la confianza no existía, que el más fuerte la hace y el más débil regresaba con la bolsa vacía.

Se acabaron las vacaciones de verano y Daniel pretendiendo que iba a la escuela se fue a buscar trabajo de construcción, prácticamente lo echaron a patadas, pero el insistía hablar con el gerente, con tantos gritos salió el gerente para enterarse a que se debía tanta algarabía.

Daniel de nueve años, de estatura más baja que los niños de su edad habló con el gerente como si estuviera hablando de hombre a hombre: solo ponme a prueba, sino te sirvo no hay problema, yo desisto de la idea, pero no me digas que no sin siquiera darme la oportunidad, replicó Daniel.

El gerente lo miró de pie a cabeza y les dijo a los otros hombres que lo pusieran a carretear cemento, arena y bloques. Los hombres le llenaron la carretilla de arena más de lo debido, no querían que su trabajo se retrasara por culpa de un mocoso atrevido. Daniel agarrando las dos manijas de la carreta usando su fuerza no lograba levantarla y recordando las palabras de su padre: La fuerza corporal viene de la rabia, de la impotencia, toda tu fuerza está en tu mente, en tu espíritu luchador y al escuchar las risotadas de los hombres fueron suficiente para poner en práctica los consejos de su padre, logrando levantar la carretilla y así demostrarles a todos y a si mismo que el querer es poder.

Daniel llegaba más tarde que los demás chicos de la escuela, pero nadie se percató, pues él siempre se quedaba jugando a la pelota después de la escuela. El gerente le entregó su primer sueldo dentro de un sobre, la satisfacción de Daniel era grande y se fue emocionado a su casa, y al llegar su madre de su trabajo, pensó que ya no podía ocultarle la verdad a su vieja, y entregándole el sobre a su madre con su sueldo completo le confesó la verdad, Marina miró a su pequeño hijo y pensó que ella sabía que era un niño rebelde que haría con su vida lo que él quería, como su padre, con la diferencia que el niño era mucho más responsable que su flamante bohemio.

Daniel era muy astuto y aprendía rápido y dominó en tal solo unos meses el arte de la construcción.

Daniel había pensado desde un principio su plan y ya era hora de comenzar. Le dolía ver a su madre siempre cansada y encima golpeada por sus hermanos y nadie la defendía, casi siempre era por causa de su padre que aparecía de vez en cuando y se quedaba días y semanas cantando y borracho y Marina todo se lo aguantaba.

Daniel después de terminar su faena que todos los trabajadores se iban a sus casas, él pretendía irse también, caminaba lentamente unas cuadras y cuando calculaba que todos se habían ido, se devolvía y llenado la carretilla de material de construcción se la llevaba hasta su casa, llegaba tarde mientras todos dormían y luego devolvía la carretilla de regreso. Un fin de semana que tenía libre, le solicitó permiso a su abuelo para construir una pieza para su madre, y así poco a poco le construyó una cuarto a su madre en el patio de la casa de los abuelos donde tendría por lo menos un poco de privacidad.

Pronto se dieron cuenta en la compañía de construcción que faltaba mucho material y después de algunas averiguaciones se percataron quien era el ladrón, el escuincle atorrante y llamaron a la policía que se lo llevaron a la estación policial donde el jefe de la policía les pregunto: "¿saben quién es ese niño? Es nada menos que mi sobrino, suéltenlo de inmediato que de él me encargo yo"

Daniel se fue a su casa más preocupado por su falta de empleo que de la paliza que le esperaba de parte de su tío. Así salió a buscar un nuevo empleo el cual lo encontró ese mismo día, repartidor de medicinas en una farmacia que además le permitiría usar una bicicleta de lunes a viernes, comenzando desde mañana mismo y con un sueldo mejor. Feliz el muchacho fue a su casa con su bicicleta. Al llegar su tío en vez de una pela como estaba acostumbrado a darle habló con él y lo aconsejó: si decides ser un pillo, procura ser el mejor, que nunca nadie de pille.

Daniel seguía dándole a su madre su sueldo completo en un sobre, pero por mucho que se esforzara sabía que no era suficiente, su padre nunca cambió, su hermano más chico, se había especializado en verse en el espejo haciendo poses y su madre ya se veía muy cansada de tanto trabajar parada y los insultos de los familiares continuaba. Daniel se refugiaba con su tía solterona, quien amaba a Daniel más que a los otros sobrinos, aunque fuera el más atorrante y contestón de la familia, sabía que el chico poseía un buen corazón.

Alguien le habló de América, allá te pagan en dólares, las cosas allá son mucho mejor que aquí, los niños juegan con pelotas de verdad, no como la que nosotros tenemos que hacerlas, esto de estar pateando la pelota para hacer un gol con el pie, no se ve allá, es más, hay zapatillas especiales para jugar football, las mismas que usan los que van a los eventos mundiales. Ahora estaba en un avión rumbo a Estados Unidos de América, para ganar dólares, y podré jugar football con zapatillas como las que usa el gran Pelé de

El GENESIS DE LOLITA

F ue un Domingo, del mes de mayo como al mediodía que Albina
estaba lavando un sinfín de ropa sucia acumulada, era su único día
de descanso, ser madre soltera de seis hijos y trabajar de lunes a sábado
por un salario mínimo no era nada fácil, aunque contaba con la ayuda
incondicional de su hija mayor, Belinda, quien cuidaba de sus hermanos
menores mientras ella trabajaba, solo tenía diez y ocho años de edad,
edad en la cual cualquier jovencita tenía sueños de superación, vestirse
a la moda, maquillarse, ella debía cocinar, limpiaba la casa, regaba las
plantas, y planchaba los uniformes de sus hermanos menores Stella,
Petronila y Porfirio, sus hermanos menores Bienvenida junto a Nathalie
aun tratando de vender su casa en San Cristóbal y averiguando que
había pasado realmente con el negocio de motocicleta.

Christina estaba ayudando a su madre ese domingo colgando la
ropa en la cuerda que estaba en el patio, mientras tanto los más
pequeños jugaban a la escuelita al otro lado del patio, donde aún existía
el piso donde quedaba una vez la pieza de Albina. Lolita solamente
observaba a su madre a la distancia, de pronto llegó Belinda con un
escándalo que apenas se le entendía lo que decía, Albina preocupada le
pidió que se calmara y le explicara a que se debía tanto alboroto,

""**No tienes ni idea a quien acabo de conocer mamá**"

Albina miró extraña a su hija y le preguntó con desconfianza y
curiosidad al mismo tiempo, ya conocía a su hija lo exagerada que era
y la manera excesiva con la que se expresaba, pero esta vez le notó una
emoción genuina.

- ¿A quién? Preguntó Albina

- ¡A Jesucristo, acabo de conocer a Jesucristo! - Respondió Belinda con una alegría increíble.

- ¿Que? ¿Dónde te has metido muchacha-? Preguntó Albina preocupada por la repuesta de su hija.

Lolita que había estado escuchando desde cierta distancia, al escuchar el nombre de Jesucristo su cuerpo se estremeció y sintió literalmente que un bebé se movía en su vientre, en sus entrañas y su corazón comenzó a latir fuertemente, su pecho se anchó como para poder contener esa emoción que le había causado escuchar ese nombre, hizo un esfuerzo enorme para poder entender lo que Belinda no sabía cómo explicar. Lolita tratando de acomodar sus ideas en su mente confundida, ¿será Jesús, el mismo que nació no sé cuántos años atrás en un establo y luego murió en una cruz? ¿Estará hablando Belinda del mismo personaje? Lolita no sabía mucho de religión, pero si sabía que Dios vivía en el cielo.

Albina le dijo inquietante a su hija:

- Escucha Belinda, necesitas calmarte y explicarme con más detalles lo que acabas de decir, tú sabes que creemos en Dios, pero no queremos religión alguna en esta casa. Dios si existe, de eso no tengo la menor duda, pero otra cosa es que vayamos a creer en cualquier bobada que nos digan, hay mucha gente falsa con religiones muy extrañas", acotó Albina.

- Bueno mama, hagamos una cosa, ven conmigo el próximo domingo y así sabrás de que se trata todo esto-.

-Esta bien, Belinda, pero ni una palabra más del asunto hasta estar seguras de que lo que dices tiene algún sentido-.

Lolita salió al patio con un cuaderno de nota para no anotar nada, no sabía que escribir, la emoción la embargaba de tal manera que en ella no se encontraba. Solo ansiaba que llegara el próximo Domingo, tal vez con suerte ella también podría conocer a Jesucristo. ¿-Será posible-? Se pregunto Lolita

Después de una larga semana de espera llegó el tan deseado día y todos fueron a la iglesia.

Era exactamente como Belinda lo había descrito, Un gran portón abierto de par en par en toda la entrada con un largo caminito de granizo con un hermoso jardín en ambos lados del camino que los llevaría a la pequeña capilla blanca, la pura vista del pequeño templo te transmitía un a sagrado acogimiento. En la entrada había una persona dándoles la bienvenida y acomodándolos en diferentes asientos, había ocho bancas largas a cada lado de madera, podrían haberlos sentados a todos juntos, pero por razones desconocidas los sentaron por separado. La capilla tenía seis ventanales, tres a cada lado, en todo el frente había un escenario más alto, un piano al lado izquierdo y en la parte de atrás del escenario había varias sillas forradas en color vino y en la parte del frente un micrófono. Había una puerta que parecía que llevaría a un patio trasero.

Una mujer vestida de con una falda a media pierna y su larga cabellera cuidadosamente adornada con una linda peineta se sentó frente al piano y seguidamente varias personas con túnicas color vino se sentaron en las sillas que estaban al fondo de la tarima.

Lolita miraba el techo mientras movía sus manos nerviosamente y se podía notar lo impaciente que se sentía.

El servicio comenzó con una calurosa bienvenida a todos los que visitaban por primera vez, seguido de una oración donde todos deberían cerrar los ojos, inclinando sus rostros en demostración de reverencia. Lolita era muy buena para seguir instrucciones, pero como le pedían algo así, ella permaneció con sus ojos bien abiertos mirando por todos los ventanales y las dos puertas preguntándose por donde entraría el mesías. ¿Por qué se tardaba tanto en llegar?"

El predicador comenzó su sermón el cual Lolita ni atención le prestó, ella no había ido a ese lugar a escuchar a un orador aburrido, ella quería ver a Jesucristo, pero de pronto algo le hizo prestar atención a lo que el predicador decía, Jesucristo dice: "He aquí yo estoy tocando la puerta de tu corazón, si alguien escucha mi voz y me abre la puerta yo entraré a él y cenaré con él y él conmigo" El corazón de Lolita comenzó a latir de la misma manera que el Domingo anterior.

Él está tocando a la puerta de su corazón en este momento, si quiere aceptar esta invitación alce su mano y El entrará y vivirá en su corazón"

Lolita alzó su mano sin pensarlo dos veces, no miró hacia atrás, se le olvidó de su timidez, ella sólo sabía que una oportunidad como esa no la podía perder, "Dios puede vivir dentro de mi corazón!"

Todos los que habían aceptado a Jesucristo en sus corazones les invitaron que pasaran al frente, y allí estaba Albina también, les hicieron repetir una oración y al final les regalaron una Biblia, les explicaron que se trataba de la palabra de Dios, todo lo que Dios quiere que ustedes sepan de Él lo encontraran en este libro. Es un verdadero tesoro. Lolita miró la Biblia y recordó haber visto una en casa de su abuelita, pero nunca se había atrevido a abrirla.

Lolita, quien siempre estaba débil física y mentalmente porque la anemia no solamente debilita el cuerpo sino también la mente, le dieron de repente ganas de correr, no quería estar saludando a tantas personas que, aunque muy amables no le eran de mucho interés para ella, pero la detuvo el recordar que ahora había un "huésped" en su corazón y no quería incomodarlo, tendría que ser desde ahora más cuidadosa en sus movimientos.

De regreso a casa, Belinda sobresaltada le dijo a su madre "Dime ahora si esto no es maravilloso mamá y fui yo quien lo descubrió primero.

Realmente Belinda en eso tienes toda la razón, pero aun así debemos leer la Biblia por nosotros mismos, yo traté anteriormente de leerla, pero no entendí nada, no es tan fácil de entenderla, pero es la única manera de saber que lo que nos están diciendo en esa iglesia es verdad, en el mundo espiritual es mejor actuar con mucha cautela y tomar ciertas precauciones, para mí, Dios es sagrado, y por eso nunca les inculqué ninguna religión.

Tan pronto llegaron a la casa, Lolita se fue a una mecedora debajo de una mata de mango con su Biblia en la mano, su corazón volvió a palpitarle con fuerza y respirando profundamente comenzó a leer: "En el principio creó Dios los cielos y la tierra. Y la tierra estaba desordenada y vacía, y las tinieblas estaban sobre la faz del abismo y el Espíritu de Dios se movía sobre la faz de las aguas. Lolita no podía parar de leer y se preguntaba mientras leía, pensaba: ¿-Como es posible mi buen Dios que yo pueda tener acceso a una información tan importante? Son documentos muy valiosos. Este libro explica como Dios creó todo lo que existe, lo que tengo en mis manos son unos manuscritos invaluables, como puedo tener yo semejante privilegio-.

Un buen vecino que pasaba por el frente de la casa, sin cerca en la entrada vio a Lolita sentada leyendo lo que él reconoció de lejos que era la Biblia y adentrándose al patio se le acercó a Lolita, ella logró reconocerlo, era el que le había entregado la Biblia en la iglesia.

-Hola, Lolita, ¿es ese tu nombre o me equivoco?

-No se equivoca, ese es mi nombre- contestó Lolita bajando su mirada, para ella siempre le fue difícil mirar a la persona que no conocía muy bien a los ojos, su timidez no se lo permitía levantando sus hombros por el estrés que le causaba conversar con personas, y, si eran extrañas mucho peor.

- ¿Qué estas leyendo?

-La Biblia.

-Jajaja, ya sé que estás leyendo la Biblia, a lo que me refiero es a que libro de la Biblia estas leyendo.

-No sé a qué se refiere, pero estoy leyendo como Dios creó todas las cosas-.

-Oh, estas leyendo el primer libro del antiguo testamento, se llama Genesis. Significa: comienzo o principio. En la Biblia Genesis habla del principio de la creación, pero por ejemplo para ti en estos momentos, **este es tu Genesis**, es el comienzo de una nueva vida con Jesucristo viviendo dentro de ti. Mira la biblia contiene sesenta y seis libros, algunos pertenecen al antiguo testamento y otros pertenecen al nuevo testamento, yo te sugiero que comiences a leer los cuatro evangelios-.

- ¿Y eso que es? -

El buen maestro Rigoberto Salas comenzó a enseñarle como estaba estructurada la Biblia, algo que Lolita no entendió mucho ni le daba importancia, ella tan solo quería que el maestro siguiera su camino y le permitiera seguir leyendo lo que tanto le había llamado la atención. Tan pronto el hombre se despidió Lolita continuó con la lectura que cada vez la atrapaba más. "Es verdaderamente un tesoro este libro, tal y como me lo dijeron en la iglesia" pensó' Lolita.

Esa noche cuando Lolita fue a su camita tamaño individual se sentía diferente, realmente se había convertido en una nueva persona, aún podía sentir los cientos de mariposas dentro de ella y quiso recordar paso a paso lo que le había sucedido ese bendito domingo en un diez de mayo.

A la siguiente mañana todos los miembros de la familia volvieron a su rutina diaria, mientras Lolita no estaba segura si lo había soñado o realmente Jesucristo estaba viviendo dentro de su corazón, se fue al patio para continuar con su lectura, ahora estaba leyendo de un hombre que se llamaba Abraham que Dios le había pedido que se apartara de toda su parentela y que se fuera a un lugar que él le mostraría. Lolita sólo paraba de leer para bañarse, comer lo poco que su apetito le permitía y para inyectarse esas inyecciones tan dolorosas que no sabía de qué le servían, si cada vez se desvanecía con más frecuencia, ya ni pudo seguir sus estudios y según el medico no había ninguna mejoría, al contrario, los glóbulos rojos habían bajado un poco más.

El vecino seguía frecuentándola para instruirla más, pero insistía de que debería de leer primero los cuatro Evangelios: Mateo, Marcos, Lucas y Juan.

Lolita por fin decidió seguir su consejo y comenzó a leer el libro de Mateo y al llegar al capítulo cinco titulado: El sermón de la montaña, Lolita con desconcierto quedó extasiada, no podía creer lo que estaba leyendo y Giró su rostro hacia la posición del reloj marcando las 3:00 de la mañana donde se encontraba su olvidado amigo imaginario con el cual no se había vuelto a comunicar desde ese bendito Domingo y le dijo con desconcierto: -Ya tú me habías hablado de esto y con su voz temblorosa le pregunto: ¿Eres tú? ¿De verdad eres tú? ¿Siempre fuiste tú?

- ¿Fuiste tú quien dijo este discurso del sermón de la montaña? ¡Eres Maravilloso! Tan sabio, inteligente, ¿Dónde aprendiste tanto? ¡Te adoro!, te quiero, te quiero, te quiero mucho mi amor, ¿debo llamarte amigo o Señor? No, en serio, ¿eres tú-?

-Si, soy yo, siempre he estado a tu lado-.

-Pero no entiendo, ¿si tu mundo es mi mundo y este no es nuestro mundo, que hacemos aquí-?

- Ya lo entenderás mi pequeña-

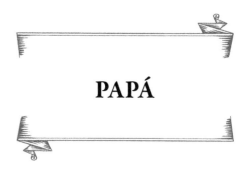

PAPÁ

U nos meses más tarde llegó sorpresivamente de Estados Unidos el esposo de Albina, a Lolita no le impresionó tanto como la primera vez que lo conoció en San Cristóbal que de igual manera apareció de la nada. Lolita solo tenía en aquel entonces once años cuando alguien tocó la puerta y era un señor que pidió hablar con Bienvenida, luego sin muchos argumentos se presentó ante las niñas como su padre y les preguntó por sus nombres, una dijo Christina y la otra dijo Lolita, cuando Bienvenida interrumpió la conversación y mandó a las niñas a mantenerse dentro del dormitorio. Ya en el dormitorio las dos quedaron mudas, sólo había un silencio extraño. Lolita pensaba en las veces que había soñado con ese momento, cuanto lo anhelaba. ¿Qué sentiría al verlo por primera vez, cuál sería la reacción de ambos? Y el momento llegó cuando menos lo esperaba y no sentía nada, sólo había visto a un extraño que no significó nada para ella. Christina por fin rompió el silencio con una pregunta: ¿Pudiste ver bien su cara?

No, apenas lo pude ver, no me acuerdo, fue todo tan rápido. ¿Y tú pudiste detallarlo?

Tampoco, tal vez podamos verlo mejor mañana antes de irnos a la escuela.

Al día siguiente comieron desayuno juntos en total silencio, la tía se veía cansada, como que no había podido dormir bien la noche anterior. Cuando regresaron de la escuela ya él no estaba y nadie habló del asunto.

Lolita, como de costumbre, ausente en su mundo, ahora más que nunca que sabía que su amigo no era imaginario, era real, existía y era el Salvador del mundo no se dio cuenta de los planes que habían hecho, el peruano se llevaría a Christina a vivir con él a los Ángeles, California para que tuviera un mejor futuro, solo se llevaba a Christina por la facilidad del papeleo de migración, pues Christina había nacido en los Estados Unidos y por lo tanto era ciudadana americana. Cuando Lolita se enteró fue cuando vio a su hermana vestida con el traje típico de Maracaibo, una manta goajira que le permitía lucir su figura, ya no muy de niña, sus cabellos rubios, ya sin tantos rulos, más bien ondulados que caían a nivel de sus hombros, perfectamente maquillada, parecía sacada de una revista. Para Lolita le fue difícil enterarse que su hermana se iría a un lugar tan lejos y con un extraño. Se escuchó la voz de alguien diciendo:" apúrense, pongan las maletas en la cajuela del automóvil o perderán el vuelo.

Todos cooperando se apresuraron para llegar al aeropuerto y mientras llenaban papeleo todos le querían dar muchas recomendaciones al mismo tiempo, de pronto se escuchó la voz femenina por un micrófono anunciando que había llegado el momento para los pasajeros abordar el avión. Con la ansiedad por todos compartidas se aglomeraron para abrazarla y desearle lo mejor, familiares, amigos. Lolita a unos pasos de distancia observaba incrédula el acontecimiento y mirando intensamente a su hermana deseando que Christina la notara y se percatara de su presencia y poder por lo menos despedirse de ella con un contacto visual, pero Christina no podía perder más tiempo y partió. Se fue lejos, a tierras extrañas con su padre que era un desconocido.

Bienvivida tuvo que viajar desde San Cristóbal a Cumaná para ayudar a Bruno, el hijo mayor del Señor Antonio, quien necesitaba de su presencia por asuntos familiares. Estílita estaba con su hijo y Cristina se había ido también, Lolita se sentía sola y desamparada a pesar de que vivía con su madre y sus otros hermanos, pero no era lo mismo, ella se había mudado con ellos apenas hacía unos meses atrás. Afortunadamente contaba con la fidelidad de su amigo inseparable quien permanecía con ella tanto de día como de noche con quien hablaba por horas.

Al despertar por las mañanas Lolita acostumbraba a girar su rostro hacia ese reloj marcando las tres de la mañana y muchas veces le preguntaba: ¿Por dónde iba? y su amigo le recordaba lo que le estaba contando, Lolita se arrimó a la orilla de la cama para darle espacio a su amigo Y se sintiera cómodo en su cama, Jesucristo sonriendo le dijo con ternura, ya no necesito espacio, ahora vivo dentro de ti. Lolita se quedó pensando un rato y le dijo: No entiendo, si soy la persona más boba, simple, sin nada interesante de que hablar, por lo tanto, casi nadie me escucha, como es posible que el ser más importante del universo, el creador de todo lo que existe esté atento a cada palabra que digo, ¿No te canso?

¿Cansarme? te he compuesto canciones, a veces callo de amor, me deleito con tu inocencia

Lolita le regaló su más dulce mirada y suspiró llena de amor. Su alma se derretía ante el tono suave de su voz y sus dulces palabras.

Belinda, quien era la innovadora de la familia llegó una noche entusiasmada con una nueva iglesia que había encontrado, pero a más de una hora de camino y explico' "No tienen nada que temer, es de la misma creencia, tiene la desventaja que queda un poco retirada de la vecindad, pero la gente se ve más alegre, como con más vida, hasta aplauden cuando cantan" ¿Porque no vamos este próximo viernes? en la capilla de aquí no hay servicios ese día.

Al siguiente viernes todos fueron a la nueva iglesia como ya habían acordado, Belinda tenía razón, no solamente había un piano, sino toda clase de instrumento que tocaban alegremente parecía más bien una fiesta, y efectivamente así decía la alabanza que cantaban: Hay una fiesta, fiesta, fiesta, continuamente en mí, continuamente en mí, hay una fiesta desde que a Cristo yo conocí. Mientras aplaudían al son de la música.

Cuando terminó el predicador su sermón hizo una invitación para todos aquellos que estuvieran enfermos, alzaran su mano y pasaran al frente, Lolita pensando en esas inyecciones inmediatamente alzó su mano y paso al altar. El pastor mirando a los que habían pasado hacia adelante les dijo:" Si tienes fe que Dios tiene suficiente poder para sanarte esta noche, serás sano" seguido hizo una oración pidiendo sanidad al todopoderoso.

Terminado la oración el pastor les comenzó a preguntar individualmente a las personas que mal sufrían y que comprobaran que realmente Dios había hecho el milagro. Algunos mostraban su brazo que tenía salpullidos y que llevaba varias semanas y mostró su brazo y ya no tenía nada, y así fueron testificando las pocas personas que habían pasado al frente, cuando le preguntaron a Lolita de que Dios la había sanado, ella contesto: "Anemia" con voz muy suave, por la timidez que la caracterizaba, el pastor sonriéndole le pregunto: ¿Y cómo sabes que ya no tienes anemia?

-Usted dijo que, si creemos que Dios tiene el poder para sanarnos, seriamos sanos, entonces estoy sana"

- "Me conmueve tu fe niña, pero para que todos sean testigos de que Dios realmente operó un milagro en tu vida, necesitas mostrarlo, este requisito no es necesario para ser sana, ya tu fe te ha sanado, pero para glorificar a Dios y para que los demás vean puedan creer, así que te recomiendo que te hagas nuevos exámenes de sangre y traigas los exámenes de antes y los exámenes nuevos"

Al siguiente día, sábado, la clínica trabajaba solamente mediodía, así que Albina se levantó muy temprano para llevar a Lolita para hacerse el examen de sangre, como fueron una de las primeras al llegar a la clínica, Albina pidiendo permiso en su trabajo y tomando de la mano a su hija Lolita, las dos se miraron con un amor diferente, Albina no había criado a Lolita, y las pocas veces que Lolita la visitaba Albina era dura y poco cariñosa. La madre divisa un puesto callejero donde vendían desayuno, arepas, empanadas y pastelitos, Albina decidió desayunar con su débil hija, fue muy poco lo que Lolita comió y Albina le pregunto: ¿Puedes asegurar de que Dios te sanó?

¿Sentiste algo?

"No sentí nada, pero si tengo la certeza que Dios me sanó"

¿Como puedes estar tan segura?

"Por fe" respondió Lolita

Albina había creído en Dios con la misma intensidad que Lolita, tanto así, que en la primera capilla le habían dicho que ella aún no se había divorciado de su primer esposo y que debía arreglar su status, cosa que Albina tomó en consideración para hacerlo lo más pronto posible para poner su vida en orden delante de Dios.

Albina, tomando las delgadas y frías manos de Lolita las besó con mucha ternura y así se rompió el hielo entre madre e hija.

Lolita por fin era libre de ese fastidioso tratamiento, ya no sentiría sus brazos adormecidos por el dolor que le causaban las inyecciones.

Tres meses más tarde llegó Christina y toda la familia y amigos la rodearon para que contara como era la vida en Estados Unidos de América, Christina fascinada comentó de lo grande que eran los centros comerciales, que todas las calles eran limpias y no había visto ni un a casa fea, parques hermosos, me hubiese gustado quedarme, dijo con melancolía, pero tuve una experiencia muy desagradable con el peruano, si, con mi papá.

Me invitó de paseo a la playa y cuando habíamos llegado comenzó a gritar como un loco, tenía problemas de personalidad, detuvo el auto me dijo que me bajara y se marchó, menos mal que tenía el número de teléfono de un compañero del curso de inglés, a quien llamé y me recogió y me llevó a casa de una vecina hasta que mamá fue a buscarme.

Christina seguía explicando a todos los que la rodeaban con ojos atómicos al escuchar todas las anécdotas que contaba, mientras le hacían ciento de preguntas cuando de pronto, tuvo contacto visual con

Lolita y Christina palideció al verla más delegada y demacrada y llena de angustia preguntó: ¿Qué le pasa a Lolita? ¡Yo la veo muy mal! quien le ha estado inyectando?

¿Dónde está tía? ¿Dónde está abuelita?, Dios mío la dejamos sola, oh, ¡Dios está muy pálida!

Sollozaba Christina y Albina viendo a su hija tan fuera de control le dijo:" No te preocupes, ella ya no necesita más tratamiento, Dios la sanó.

¿Qué? ¿se volvieron locos? ¿Como pudieron actuar tan irresponsablemente con algo tan importante? "Christina estaba presente cuando Lolita tenía doce años y el doctor dijo claramente que si seguía el tratamiento al pie de la letra podrían alargarle la vida dos años o tal vez aún más.

Lolita regalándole la más dulce de su sonrisa le dijo:" mamá te está diciendo la verdad. Dios me sanó"

¿Dios te sanó? ok. Mañana a primera hora vamos al médico a ver que te dice.

Al día siguiente Christina no quería perder mucho tiempo, así que a primera hora ya estaba frente al médico con su hermana y comienza explicándole al doctor la locura que habían cometido "Que le parece doctor, que esta niña ha dejado el tratamiento con la excusa de que Dios la sanó", el doctor le dijo, "si, hace un par de semanas vino a hacerse el examen de sangre, ya los resultados deben de estar listos", llamando a la enfermera para que se los trajera miró con asombro los resultados, su hemoglobina había aumentado inexplicablemente a doce, cuando por dos años su hemoglobina fluctuaba entre cuatro a seis. Lolita sin dejar en ningún momento su delicadeza postura miró a su hermana tiernamente, quien aún no muy segura requirió un segundo examen de sangre, tal vez se habrían equivocado, el doctor mirando a ambas dijo, solo si Lolita lo consiente. Inclinando su rostro, y con una voz débil solamente dijo: "No, no más"

El doctor volvió a hojear el resultado y todo el historial médico de Lolita, y dijo: No tengo explicación lógica, estamos frente a un milagro"

GRAND FORKS ND

No había mucho que contar en Anamoose (Dakota del Norte), más que el tiempo que les quedaba a los cuatro chicos para cumplir sus diez y siete años de edad. Betty, su madre, se había asegurado de que sus hijos habían aprendido lo básico en la vida para poder defenderse, pero sobre todo como vivir una vida correctamente, de ninguna manera en ese humilde hogar se había permitido ninguna demostración de debilidad ni de irrespeto a los derechos del prójimo.

Len, el mayor ya había cumplido sus diez y siete años, la edad que se le había dicho algunos años atrás que debería agarrar vuelo, y ya había tomado la decisión de irse a la naval, serviría por dos años y después, ya pensaría que hacer y así se los comunicó a la familia mientras cenaban, nadie hizo preguntas, siguieron cenando en silencio y para sorpresa de los menores, al día siguiente, vieron a su hermano mayor partir con tan sólo unos documentos que era lo único que la naval le permitía llevar.

Al ver como Len se alejaba los tres hermanos se miraron preguntándose qué harían ellos cuando les llegara su hora de partir.

Bob era el más inteligente, pero el más callado y menos comprendido de la familia, su cerebro podría compararse perfectamente con una computadora, era el mejor de su clase. Su cerebro trabajaba a la perfección conforme estaba programado, cualquier cambio lo desquiciaba y necesitaba caminar a pasos acelerados cualquiera que fuera la temperatura afuera, caminaba por horas mientras organizaba su disco duro mental para después volver a la normalidad, toda su vida a pesar de su corta edad tenía horario para todo y toda su casa y sus pertenencias tenían que estar completamente limpias y organizadas, había una nueva actividad para archivar en su cerebro, necesitaba empezar a ganar dinero, así que le pidió trabajo al jefe de su padre, el dueño de la granja, y así que dedicaba tiempo trabajando en la granja, sin descuidar por nada sus estudios. Pasaron dos años para que le llegara el turno a Marlon irse y decidió partir con unos amigos a Bismark, la capital, seguramente tendría más oportunidades de trabajo. Bob tenía catorce años cuando ya sabía que quería hacer con su vida, ambicionaba convertirse en un geo científico.

Darwin era el más sencillo y menos ambicioso de todos, su filosofía era muy simple, para ser feliz solo necesitas existir.

Darwin, un año mayor que Bob, se había decidido por un pueblo un tanto más grande del que había vivido, le gustaba la tranquilidad y no quería cambiar su estilo ranchero de vida, Bob que se había graduado de sus estudios secundarios a la edad de quince años, ya sabía en que ciudad podría estudiar, casualmente o por obra del que todo lo puede su hermano mayor se había ido a vivir en la pequeña ciudad de Grand Forks después de haber terminado su contrato con la marina de los Estados Unidos.

Bob no esperó cumplir la edad que su madre les había requerido para alzar su vuelo, él extendió sus alas antes de tiempo. Se quedó un mes viviendo con su hermano mayor, mientras caminaba todos los días la ciudad, quería conocerla muy bien y que mejor manera que caminando, se había convertido en un hombre alto y bastante delgado, pero curiosamente sus brazos lucían exactamente como los de brazos de Popeye, rubio de ojos de color azul grisáceo.

Bob quedó encantado con la ciudad, era pequeña, pero no era un pueblo opacado, además cuando caminaba miraba que algunos vecindarios tenían unas casas muy bellas y grandes, ninguna como las casitas de su pequeño pueblo.

Le tomó sólo 4 días de largas caminatas para saber dónde se ubicaban los puntos clave, ya era hora de ir a la universidad y saber cómo funcionaba, había estado toda su vida en la misma escuela desde kínder hasta graduarse de secundaria, la verdad que, si se sintió un poco cohibido contemplando el tamaño de la universidad y la cantidad de estudiantes de todas partes de Estados Unidos, pero fue directamente a la oficina donde le darían la información que él necesitaba. Mientras la persona le hablaba del funcionamiento, de los horarios, del costo y de cada cuanto se pagaba, Bob no miraba a los ojos de su interlocutor, sino que sus pupilas se movían de un lado a otro a mucha velocidad, estaba procesando toda la información en su computadora mental. Como siempre, necesitaba caminar apresuradamente sin rumbo alguno ordenando las ideas y los costos y buscando la solución a cada obstáculo.

Buscó trabajo en jardinería, no quería molestar a su hermano por mucho tiempo, así que rentó un pequeño sótano de un edificio cerca de la universidad, se llevó su maleta con dos mudas de ropa, un par de zapato y productos de higiene personal. Aunque le habían ofrecido toda clase de ayuda financiera por sus altas calificaciones y su grado de coeficiencia intelectual de 175 no podía permitir que ningún virus entrara en su sagrada computadora. Su madre lo había formado de una manera, la manera correcta y recordó sus palabras: En esta vida nada debe ser gratis, tiene que costarte trabajo y esfuerzo propio, así que no aceptó ninguna beca ni ninguna ayuda que financiara sus estudios. Estudiaba tiempo completo y trabajaba tiempo completo, las cuentas no le cuadraban, Bob tenía que ser puntual con todas sus obligaciones financieras así que educó su estómago que solo se debía comer una vez cada tres días, lavaba todos los días su ropa a mano, pues solo contaba con dos mudas idénticas, pantalón de kaki y camisa del mismo color con muchos bolsillos.

Tenía la facultad d estar escuchando atentamente al profesor y grabando todo en su mente y al mismo tiempo podía escuchar las murmuraciones de sus compañeros de clase, por lo cual eso le permitió ser muy selectivo al elegir sus amistades, las cuales eran muy pocas.

Llegó el invierno en Grand Forks ND, la segunda ciudad más fría de Estados Unidos de América después de Fairbanks en Alaska. En el mes de octubre comenzaba a bajar la temperatura y con ella la nieve aparecía, al llegar esta época, por supuesto el trabajo de jardinería se desaparecía.

Por supuesto que Bob no esperó hasta el último momento para saber que hacer, Bob ya tenía planificada su vida hasta el día de su muerte. No le fue difícil encontrar trabajo en un pequeño restaurante cerca de la universidad y como no tenía automóvil la ubicación del trabajo le era conveniente porque, aunque le gustaba caminar en invierno con tanta nieve le era difícil trasladarse a largas distancias.

El restaurante donde Bob trabajaba era un lugar donde la comida que preparaban era la típica de los pueblos y pequeñas ciudades de la región, el menú contaba con un desayuno que consistía en Huevos revueltos o estrellados y tocineta acompañado por panqueque o pan y por supuesto café, de almuerzo sólo había la clásica hamburguesa o sándwich de jamón y queso al igual que la cena, los postres variaban según la temporada del año. Bob estaba satisfecho con su trabajo lavando platos, de esa manera no se veía en la obligación de interactuar con los comensales.

Su hermano Len lo invitaba algunas veces a su casa, Bob siempre sintió mucha admiración y respeto por Len, tal vez por ser el mayor y porque, aunque Len podía socializar perfectamente con otras personas, prefería escuchar más a los demás. Len notó la delgadez de su hermano, pero prefirió no preguntar, eran reglas que habían aprendido desde niños en su hogar y decidieron seguirlas después de adultos, respetar los espacios y el silencio, cuando Bob estuviera listo para hablar del asunto, el estaría allí para escucharlo. Después de comer algo que Len había preparado solían contemplar el pequeño jardín, en verano lo hacían desde afuera sentados en unas sillas mecedoras y sin pronunciar palabras permanecían hasta media hora, tal vez recordando su pueblito donde el horizonte no tenía fin, donde podían ver como mágicamente se juntaba la tierra con el cielo.

Las visitas eran muy cortas, era otra de las instrucciones que se les dio de niño, hay que respetar el tiempo ajeno.

Era domingo, y después de visitar a su hermano se aseguraba que su pequeño espacio donde vivía estuviera perfectamente limpio y arreglado, luego se acomodaba en un sillón para leer libros que tomaba prestados de la biblioteca de la universidad, quien ya era conocido por su inteligencia y no tardó mucho tiempo para que le ofrecieran trabajo en la misma universidad por un par de horas, así que Bob cada vez tenía menos tiempo para sí, y era así como él quería el estar, siempre ocupado.

A pesar de todo el esfuerzo de Bob, de vivir lleno de carencias para poder pagar a tiempo sus estudios universitarios, no le daban los números así que su "computadora" se descontrolaba, había que repararla, así que salió a dar una larga caminata mientras sus pupilas se movían de un lado a otro tratando de acomodar todo y así sus ideas estuvieran tan ordenadas como su reducido espacio donde vivía. Unas cuantas horas caminado le tomó para obtener la solución. Él había comenzado la universidad a los diez y seis años, podría darse el lujo de parar sus estudios por un año y dedicarse a trabajar durante ese tiempo por dieciocho horas diarias, total solamente le faltaba un año para graduarse, aún era muy joven y, de esa manera saldaría la cuenta en la universidad en su totalidad.

Bob mientras trabajaba en jardinería aprendió a amar a las plantas, admiraba como algunas casas de las personas adineradas diseñaban los jardines con muy buen gusto, se dio cuenta que muchos de ellos pagaban a diseñadores de jardín y algunos parecían realmente una obra de arte, Ya todos se habían acostumbrados a él, al chico inteligente, responsable, callado y que evitaba a toda costa tener contacto visual con las personas, comiendo una vez cada tres días lo había hecho aún más delgado, pero inexplicablemente sus antebrazos eran similar a los de Popeye, tenía una fuerza física extraordinaria.

Sin demostrar mucha emoción, pero con satisfacción reprimida pudo terminar de pagar sus estudios y un año más tarde se estaba graduando con honores de lo que había decidido cuando tenía catorce años, geo científico. Mientras sus compañeros celebraban en grande su graduación en compañía de sus familiares y amigos, Bob tomó su diploma y se fue a su pequeño cuarto, necesitaba ordenar nuevamente sus ideas, sabía que el próximo paso era obtener un trabajo, pero ahora como profesional, tendría que pasar por entrevistas y ya sabía que para ello necesitaba mirar al entrevistador a los ojos y tal vez le tocaría hablar más de lo que él podría hacerlo.

Logró obtener su primer trabajo, en Colorado y la entrevista la pudo soportar gracias a unas pastillas que le había recetado un doctor.

Como a todo recién graduado y siendo tan joven, el trabajo era solamente por unos cuantos meses, era algo que Bob ya sabía que para llegar a donde quería llegar encontraría muchos obstáculos y pensó esperar el momento de la llegada del problema para resolverlo, lo mejor era hacer lo mejor que pudiera en el día presente.

Le llegó su primer cheque como profesional, ahora podía comer todos los días, y no necesariamente un perro caliente (hot dog), podía entrar a cualquier restaurante y empezar a conocer nuevos platos, pero después de probar varios restaurantes terminaba siempre con comida simple.

En cuestión de meses Bob aumentó de peso y reaccionó: si sobreviví comiendo una vez cada tres días por cinco años, ahora puedo conformarme con comer una sola vez al día, se dijo a sí mismo. Algo que no soportaba Bob era la obesidad en las personas, a pesar de sus penurias siempre admiró la belleza, lo estilizado, podía distinguir los objetos de valor, no solamente cuando le permitían entrar en algunas ocasiones en esas casas de ricos donde trabajaba en jardinería sino con los libros que tanto leía, aprendió arte, decoración, viendo revistas también.

Bob se sentía cómodo en su trabajo, pues no tenía que interactuar con muchas personas, su trabajo era estar frente a una computadora ubicando en el subsuelo de la tierra los yacimientos de petróleo.

Bob, Sin embargo, interactuaba con algunas personas de vez en cuando e hizo unas cuantas amistades donde conoció a una linda chica americana, de cabellos oscuros y ojos marrones, el noviazgo no duró mucho porque a Bob la compañía lo transfirió a Wyoming y para no perder a la chica le pidió matrimonio, pues de ninguna manera él se la llevaría sin antes estar casado, era demasiado correcto y conservaba los principios y valores inculcados por sus padres, eran tradicionales y religiosos.

Esta vez sí tenía que festejar, no por su propio gusto, la chica como cualquier otra, soñaba con una linda boda, solo asistieron los familiares de ambos y los amigos que tenían en común.

NUEVA YORK

A terrizó el avión a su destino final y Daniel salió con su pequeño bolso y no venía muy bien abrigado, en inmigración lo atendió un agente que por su acento parecía ser cubano, viendo a Daniel solo le preguntó: ¿Con quién viajas?

-Viajo solo

- ¿Cuál es el motivo de tu viaje?

- Conocer la gran manzana-

- ¿A eso vienes solamente? ¿Para conocer la gran Manzana?

-Si, a eso vengo, mire le cuento, fue un acuerdo entre mis padres y yo, si yo me graduaba de secundaria con buenas notas ellos me regalarían lo que yo quisiera y eso es lo que pedí-.

- ¿Y cuánto tiempo piensas estar de visita-?

-Una semana.

-Una semana es muy poco, si quiere yo le doy una visa por un año.

-No, un año aquí no puedo quedarme, es mucho tiempo.

-Entonces te voy a dar visa por seis meses, ¿te parece? Aquí hay muchas más cosas que ver.

-No mire, se lo agradezco, pero yo no puedo quedarme más de una semana, tengo que seguir mis estudios en Argentina, además mis padres me dieron el dinero justo para una estadía de una semana.

Ya convencido el agente de inmigración de la sinceridad del muchacho le dijo:

-Tome, le doy visa para dos semanas y si usted tiene que irse antes lo puede hacer, pero si desea quedarse uno o dos días mas no tendrá ningún problema.

-Gracias, se lo agradezco-.

Saliendo del inmenso aeropuerto y sin tener maletas que recoger, ya casi a la salida escuchó 'a dos hombres jóvenes hablando y a Daniel le pareció que eran Argentinos, uno entró al baño mientras el otro esperaba cerca, al salir del aeropuerto, sin saber para donde avanzar, un hombre se le acercó y hablándole en español le dijo: Si necesitaba el servicio de un taxi, en Nueva York eran muy caros, pero si habían varias personas que hacían un trabajo similar por menos costo, se ofreció él mismo cobrándole menos, Daniel le fue sincero y le dijo, en verdad no sé dónde ir y estoy medio congelándome del frio che, yo vi a dos Argentinos que andan juntos, pregúntale a ellos y así completas aunque sea tres pasajeros, pero yo no sé a dónde ir, al salir los dos jóvenes que iban a un hotel barato en Manhattan Jefferson Davis que costaba $17.00 el día, Daniel decidió quedarse en ese hotel unos cuantos días.

Al día siguiente saliendo del hotel Daniel no sabía qué hacer con su vida, fue a la dirección del hombre amigo de su madre que estaba escrito en un papel arrugado, pero al llegar a ese apartamento le informaron que desde hacía tiempo se había mudado y que nadie sabía de él, pero le dieron el lugar de un café donde vivía una persona que había sido amigo de ese hombre, cuando llegó al café el hombre vio un muchacho tiritando de frio y le regaló una chamarra de corduroy que le quedaba tan grande que arrastraba el suelo lleno de una nieve sucia pero por lo menos lo abrigaba, además de un chocolate caliente, el hombre no podía darle mucha información sobre su amigo, pues desde que se mudó no volvió a tener contacto con él.

El dinero se le estaba acabando y ya comenzó a preocuparse, por lo menos le alcanzaba para permanecer en ese hotel unos días más y para comprar algo de comer, solo iba al restaurante que se veía más accesible a su presupuesto, "Dinner" se llamaba el restaurante y Daniel había aprendido a decir: Hamburger (hamburguesa) y coffee (Café) y todos los días pedía lo mismo al mismo mesero americano que atendía en el modesto restaurante.

Era tiempo para Daniel dejar el hotel, apenas que quedaba algo de dinero y comenzó a deambular por la ciudad sin rumbo alguno, a pesar de la chamarra de corduroy que le habían regalado, al caminar varias cuadras ya el frio del intenso invierno de NY era inaguantable, una lágrima quiso rodar por su mejilla pero se le congeló, desesperado porque había comenzado a nevar y apenas podía ver por dónde ir visualizó un cine continuado que costaba un dólar con veinticinco centavos, así que por ahora esa era la mejor solución, entró y pagó la entrada y estuvo el resto del día y la noche bajo un techo y buena calefacción.

Miraba el dinero que le quedaba y tenía que ingeniársela para comer sin gastar dinero, salió del cine y entró a un supermercado y agarrando su carrito de compras comenzó a echar artículos comestibles en su canasta, mientras chequeaba precios abrió disimuladamente la bolsa de pan y el paquete de jamón en rodajas y se preparó un sándwich, tal vez había probado mejores platos en su vida pero en esos momentos ese sándwich le supo a gloria, luego de haber satisfecho el hambre, dejó el carrito de compras y se fue del supermercado, dio una cuantas vueltas a su alrededor, para luego volver al cine que seguía siendo su mejor opción por los momentos para poder sobrevivir.

Recordó las hamburguesas calientes del restaurante Dinner y no se aguantó y como siempre lo atendió el mismo "mesero americano" y el pidió lo único que sabia pedir: hamburguer (Hamburguesa) y coffee, cuando de pronto vió al mesero llevar un plato diferente a otra mesa con espagueti a la napolitana y Daniel pensando en voz alta dijo: "Mirá que plato tan apetecible y yo comiendo siempre lo mismo", el mesero lo miró y le dijo: "porque es lo que siempre pedís boludo".

- ¿Sos argentino?

-Si, de Mendoza, ¿y vos?

-De Mendoza también. Estoy recién llegado y ya se me está acabando la guita che, no sé qué hacer"

-Pero si serán pelotudo, aquí podés trabajar lavando platos y podés venir a vivir en un apartamento donde tres argentinos más y yo compartimos los gastos.

Daniel sintió que le volvió el alma al cuerpo, después de obtener la dirección del apartamento se mudó con los otros chicos de Argentina que tendrían más o menos su misma edad.

Al día siguiente ya Daniel estaba trabajando en el restaurante lavando platos, y se había acomodado en el pequeño apartamento donde podían sentir cuando el tren pasaba, pues se estremecían todas las paredes, el apartamento tenía algunos agujeros que ellos tapaban con cartón para que no se colara el viento friolento de nueva York. Pronto los muchachos pusieron al tanto a Daniel de cómo funcionaba la vida en el barrio donde Vivian." No podés entrar a cualquier calle, aquí hay grupos que se adueñan de unas cuadras del barrio, están los de Puerto Rico, hay otras cuadras que le pertenecen a los italianos y otra que les pertenece a los afroamericanos, y también el territorio de los anglosajones .no podés pasar por allí porque tenes que pagarles el permiso por andar por sus calles.

"Cierto, asintió el otro amigo, una vez me dieron una golpiza que nunca se me olvidará."

Los muchachos se las ingeniaban para sobrevivir, cuando no les alcanzaba el dinero para comer se entraban al supermercado como ya Daniel les había explicado y cada uno se preparaba lo que querían o podían mientras pretendían que estaban haciendo compras, una vez que habían saciado el hambre dejaban el carrito botado y se iban. Barriga llena, corazón contento.

Otras veces preferían pasar hambre que ser pillados, una vez la madre de Daniel lo llamó por teléfono, ya sabía dónde vivía y donde trabajaba, pero como madre quería saber de su hijo y Daniel haciendo ruidos en la cocina con un sartén vacío hablaba con su madre Todo bien madre, aquí preparándome unas milanesas como la que me ensenaste a hacer, mientras sus tripas resonaban de hambre. Daniel al igual que los otros chicos trataban de gastar lo menos posible, sabían el motivo que los había llevado a Estados Unidos, ayudar a la familia.

Luego conocieron otros muchachos de Argentina que vivían cerca de la vecindad y decidieron unirse para defenderse de los pillos que azotaban al barrio, pero aún eran muy pocos así que decidieron unirse a los de Puerto Rico, al menos hablaban el mismo idioma.

Ellos mismos se las ingeniaron para crear sus propias armas de defensa, uno comenzó a usar bastón con un clavo en la punta, otro les colocó una punta metálica a unas botas, Daniel decidió colocarse una cadena un poco gruesa alrededor de la cintura que le colgaba de un lado, disimulando estar a la moda, de todas maneras, decidieron no entrar en los lugares que podrían correr peligro.

Buscaban la manera de ahorrar lo más posible, todos tenían el mismo propósito y se compartían las referencias de donde encontrar el mejor precio, a uno de ellos que lo llamaban el indio por la cabellera que tenía le notaron que se le estaba cayendo el pelo: Che, ¿Qué te pasa? te notamos con menos pelo?

No sé, tal vez sea que cambié de shampoo, encontré uno a muy buen precio

¿"Que marca es?

Es de marca carpet

Che, boludo, carpet no es una marca, carpet quiere decir alfombra en inglés, te estas lavando el pelo con shampoo para alfombra" jajjajaja.

Bueno, deja' el vacilón, no creas que se nos olvidó cuando nos presumiste de la pasta con paté de ganso que preparaste y a muy buen precio y resultó ser comida de gato.

Lo mejor fue cuando recién llegó Marcos y quería el ir a la tienda a comprar los huevos para hacer la tortilla española y quería practicar el inglés, y nosotros nos fuimos detrás de él sin que se diera cuenta, iba por el camino repitiendo: egg egge egg, (huevos) y al llegar a la tienda y el americano le pregunta;'How can I help you? (¿en qué lo puedo ayudar?) y se escuchó la voz de Marcos diciendo: Huevos

What? (¿qué?)

Huevos.

I am sorry, I don't understand you" (Lo siento, no le entiendo)

Marco decidido en llevar los huevos y mostrar a sus compañeros que él ya se desenvolvía muy bien con su inglés, agachándose un poco y colocando sus dos brazos en forma de alas de gallina comenzó a cacarear y poniendo su mano en su parte trasera pretendía sacar un huevo, finalmente el gringo entendió y dijo: Oh, eggs, that is what you need egg (Oh, huevos, tú lo que necesitas es huevo) Las carcajadas de sus amigos no se dejaron esperar quienes lo espiaban a cierta distancia. Marco enojado les dijo (Quien los paró atorrantes de miércoles), pero luego sus carcajadas se unieron a la de sus amigos.

No tardó mucho tiempo para que Daniel encontrara un nuevo empleo donde ganaba un poco más, era una empacadora, donde comenzó a ordenar unos materiales y terminó llevando los libros de contaduría, la matemática era lo que mejor se le daba, era una calculadora andante.

Todo iba bien, pero el vivir en constante miedo por las pandillas que azotaban gran parte del área donde ellos se desenvolvían, muchas veces entristecidos porque les habían quitado todo lo que habían ganado, aunque ya formaban parte de la pandilla de puertorriqueños trataban de estar siempre solamente entre ellos, ya era hora de aprender a usar las armas caseras y darse a respetar, la pandilla necesitaba un nombre

Además de trabajar, como jóvenes suramericanos jugaban fútbol al principio por distracción, luego los escogieron para hacer un equipo de fútbol lo cual les requería más tiempo de práctica. Ya la pandilla se acostumbró a andar siempre juntos, y cuidándose las espaldas, ninguno usaba arma de fuego ni navaja, pero si palos, cadenas, clavos, lo que se les venía en mente para defenderse.

Por fin uno de ellos logró comprar un auto donde salía a trabajar y si alguno de sus amigos necesita un aventón , para eso eran una familia, así que salían a disfrutar del flamante automóvil cuando se le atravesó un auto que los hizo frenar, era un Italiano que media más de dos metros, fuerte y tendría como entre 24 a 26 años de edad, el Italiano a toda velocidad y enfurecido sacó de un solo halón a Juan del volante y los otros chicos salieron corriendo del auto llenos de pavor menos Daniel que observaba como el Italiano metiendo la cabeza dentro del auto al chico y cerrando la puerta golpeó fuertemente y dejó caer casi sin sentido a Juan. Daniel observaba como dos carros patrulleros estaban mirando la escena sin hacer nada, Daniel les hace señas y como repuesta solo recibió una seña que le indicaba "Haz algo tu"

El italiano estaba ahorcando a Juan que ya estaba casi desvanecido, Daniel rápidamente se asió de su cadena y recordando las palabras de su padre" el primer golpe tiene que ser el más fuerte" empezó a darle con la cadena con todas sus fuerzas, esa misma fuerza que sintió cuando se levantó la pesada carretilla con sus nueve años de edad.

Entonces si se acercaron los policías y se llevaron detenidos a Juan todo golpeado, Daniel ensangrentado que le había salpicado del italiano, al cual se lo llevaron al hospital. Después de tomarles las huellas digitales y la "famosa foto" les dieron una cita para ir a corte donde debían relatar lo sucedido, salieron allí...

Llegó una chica nueva al barrio, una americana rubia de ojos azules, y además de muy buena figura, todo el clan se dio cuenta que ella no les era indiferente a ninguno de ellos, y, decidieron, para salvar la amistad, darse la oportunidad de intentar salir con la chica y si la muchacha decidía salir con alguno de ellos, además de que de paso era una apuesta de $20.00, no existiera rivalidad entre ellos.

Todos se pusieron de acuerdo y en un papel escribieron sus nombres, el primer papel era el primero en intentar conquistar a la chica, lamentablemente Daniel fue el último, así que se encontraba en desventaja, además era el menos atractivo de todos. Rosi, como se llamaba la pollita había rebotado a todos y solo faltaba Daniel, pero ya le habían advertido lo que ellos creían, era racista y no quiere saber nada de Hispanos. Daniel dijo: Yo por ahora no puedo porque pienso llevarla al cine y estoy muy ocupado, denme dos días más y ya les contaré la película. Efectivamente, días más tarde, mientras Daniel les hablaba de la película que había ido a ver con Rosi recogía el dinero de la apuesta.

Daniel seguía con su enfoque, él no se olvidaba de su vieja así que seguía reuniendo dinero para comprarle una casa a su madre, aunque él estuviera pasando penurias.

Ahora había una nueva espectadora que los veía jugar el football al equipo y les echaba porra, poco a poco Rosi se fue acercando al grupo y salían a compartir una malteada o a veces cuando tenían un dinerito extra hacían asados, que bien que les salían, usaban lena como en su ciudad natal y aseguraban que el secreto para una buena carne asada estaba en el corte de la misma, así que iban al carnicero y les pedía como exactamente cortar la carne, y les decían al carnicero, "acordate, se llama vacío este corte de carne"

Daniel ya se estaba interesando un poco más de lo que debería en Rosi y una mañana decidió alejarse de ella. No sabía si poco a poco o de una vez, cuando le tocaron la puerta del dormitorio, era Rosi con un café caliente y unos donuts y allí cayó redondito en las redes femeninas.

Llegó el día de presentarse a la Corte, solo Daniel tenía cargos, pues él fue quien agredió al italiano, cuando Daniel lo vio pensó: ¡miércoles, le falta un ojo!

Después que describieron los hechos, el juez comunicó a Daniel que el entendía que quisiera defender a su amigo no había necesidad de usar unas cadenas y pidiendo al italiano que se quitara la camisa Daniel vio' su espalda destrozada además del ojo que le había sacado a cadenazos.

Daniel pensó un rato antes de responder y decidió dar una repuesta sincera y lógica, se paró al lado del italiano y parecían David y Goliat y dijo: "Perdone Su Señoría, con todo el respeto que usted se merece, dígame que hubiese hecho usted en mi lugar. ¿Se hubiere enfrentado cuerpo a cuerpo con este gigante si tuviera el cuerpo y el tamaño que yo tengo? Este hombre estaba enceguecido de la rabia, nada lo hubiera hecho razonar, si yo no defiendo a mi amigo, en esta corte, hoy mismo, este italiano estuviera enfrentando el delito de haber asesinado a un hombre, mi compañero está vivo gracias a mi intervención y este hombre no es un asesino, es todo lo que puedo decir en mi defensa"

El italiano ya tenía el récord judicial bastante sucio mientras que el de Daniel estaba limpio, además aún no había cumplido la mayoría de edad, así que el caso fue desestimado.

LOLITA Y SU MADRE

Albina y Lolita comenzaron a acercarse más, las unía el tremendo entusiasmo de proclamar las buenas nuevas del Reino de Dios.

Después del servicio Dominical se pasaban a la prisión de hombres para hablarles del amor de Jesucristo y luego camino a la casa se detenían en una plaza para seguir hablando a cuantas personas encontraban, muchas veces recibieron insultos, pero en otras ocasiones las personas con sus corazones quebrantados aceptaban a Jesucristo en sus vidas como un día lo habían hecho ellas.

Albina por mas cansada que se sintiera siempre sacaba fuerzas para continuar difundiendo la nuevas de Dios.

Albina casi siempre se mantenía con pantalones largos, pues era el uniforme que usaba en su trabajo, laboraba en una tienda por departamento, ella estaba encargada del renglón de niños, productos de la cocina y baños.

Belinda fue la primera en darse cuenta de una infección que Albina tenía en una de sus piernas, y le pidió que fuera a ver a un médico porque ya se veía un poco preocupante.

Culebrilla, fue el diagnóstico de la misteriosa enfermedad, era como sarpullidos que recorría la pierna en forma de culebra, las medicinas eran costosas y la gente tiene siempre las historias raras y decían que si el sarpullido crecía y se unía la cabeza con la cola de la culebra (el sarpullido) habría que cortarle la pierna. Albina no sabía que tan ciertas eran esas historias, ella sólo sentía el dolor y la fiebre que le causaba. Aun así, ella seguía trabajando porque, aunque trabajaba con salario, su mayor ganancia estaba en el porcentaje de las ventas que hacía, un viernes saliendo del trabajo se pasó para la iglesia, como de costumbre, el pastor todos los viernes oraba al final del servicio por los enfermos y hasta por personas que pudieran estar poseídas por un mal espíritu. Albina sintió una electricidad que recorrió su pierna en el momento de la oración y ya era la hora que las personas que habían sido sanadas pasaran adelante para testificar sanidad, habían varias en esa oportunidad, así que hicieron una fila que las llevaría hasta el altar donde tendrían que testificar, cada vez se acercaba el momento en el cual Albina debía testificar , la que la antecedía, era una señora que decía que tenía un abultamiento en la nuca y había desaparecido, el pastor quería que mostrara bien su cuello para asegurarse de la veracidad del testimonio y nadie creyera que era fraude, Albina pensó que ella también tendría que demostrar el milagro y disimuladamente alzó su pantalón y la culebrilla había empeorado, ya había subido varios escalones y no tenía manera de devolverse, pues detrás de ella había más gente. Ella recordaba la sensación que había sentido con la oración, pero no había sido sanada, más grande era su preocupación de quedar en evidencia que el hecho que la culebrilla había empeorado, y así, cada escalón que la acercaba al pastor alzaba su pantalón angustiada, observaba su piel y la culebrilla aún estaba en su piel extendiéndose más y más. Llegó su momento de testificar y con el micrófono en la mano y su voz temblorosa dijo; Yo tenía una culebrilla, especie de varicela en mi pierna y yo sentí el toque de Dios durante la oración de sanidad. ¡todos gritaban unánimes "Aleluya!" el pastor le sugirió que se alzara el pantalón para demostrar las maravillas de nuestro poderoso Dios, Albina alzó su pantalón y su piel estaba completamente sana. Albina no podía contener su llanto y oraba para sus adentros "Como no servirte mi buen Señor" no solamente perdonaste todos mis pecados, sanaste a mi hija y ahora me haces este milagro. ¿quién soy yo para recibir tantas bondades de tu parte?

Lolita volteó su rostro a su favorita posición del reloj: 3:00 am y sonriendo le dijo: ¡Gracias!

Ya el contrato de renta de la casa del señor Antonio había terminado y Bienvenida ya había regresado, las dos hermanas iban y venían de una casa a la otra, estaban tratando de limpiar la casa del señor Antonio y desocuparla de algunas bolsas y cajas de basura que los antiguos inquilinos habían dejado, en una de esas caminatas. Lolita las acompañó y Bienvenida ya se había entusiasmado con los relatos de Dios que su hermana y Lolita le relataban. Albina y lolita, no tenían otro tema más importante de que hablar, de pronto se pararon para hablar con un muchacho que ellas conocían, pero que sabían que él tenía mucho conocimiento Bíblico, él se veía muy feliz de ver el entusiasmo de estas mujeres y el deseo de querer saber más de Dios, hablaban a través de un vallado de madera que los separaba, no podía quitarle la mirada a Lolita, ni Lolita a esos ojos detrás de la cerca, quien se mantuvo en completo silencio, ya tenía quince años de edad pero aparentaba como de once y el muchacho tenía veintiuno, Lolita cada vez que él la miraba sentía algo extraño dentro de ella, como plumas flotando en su estómago, una sensación agradable. Era mucho lo que tenían que hacer así que se despidieron para seguir su camino. Bienvenida le pregunto a Albina: ¿viste como Frank miraba a Lolita?"

Son ideas tuyas, yo no noté nada.

Yo sí, pensó Lolita.

Llegó el día de la mudanza y toda la familia estaba feliz, la casa era mucho más grande y cómoda, además el viejo vecindario ya estaba echado a perder, algunos chicos se habían convertido en malandros, fumaban marihuana y nadie supo cómo ni cuándo los que una vez eran los niños inocentes se habían convertido en lo que eran, pero Lolita tenía la tranquilidad que les había predicado y muchos se habían convertido a Dios y asistían a la pequeña capilla donde ella una vez aceptó al Señor Jesucristo en su corazón. Regresar a lo que una vez había sido su hogar le trajo nostalgia a Bienvenida, a Christina y lolita, muchos sentimientos encontrados.

Como Lolita había dejado sus estudios por causa de su anemia se podía dar el lujo de ir a diferentes campañas evangelísticas, aunque seguía siendo tímida, ya todos en la iglesia la conocían y aunque no había hecho amistad con nadie todos andaban pendiente de ella para cuidarla y protegerla. En una campaña evangelística en otro pueblo, Lolita se ofreció de voluntaria, estaba para ayudar y cooperar y su único trabajo era orar por las personas que habían pasado al frente para aceptar a Cristo. Había varios jóvenes de la iglesia colaborando y cuando llegó el momento de orar por las personas, Lolita le preguntó tímidamente a la chica por la cual ella tenía que orar: ¿Tienes alguna necesidad especial para orar por ti? La muchacha en forma burlona volteando su cara para mirar a Lolita le contesto': Estoy bien, mi único problema es que me dan ganas de matar a la persona que tengo más cerca, Lolita le sonrió confundida, pero al sentir la mirada intensa de uno de sus compañeros que estaba pendiente de ella al igual que todos, le hizo señal para cambiar de persona, a Lolita le dio vergüenza que se dieran cuenta que se había sentido intimidada, pero para su propio alivio aceptó el intercambio. Al llegar Lolita hasta donde estaba la otra persona para orar por ella ya el pastor estaba haciéndolo por todos y Lolita delicadamente tocó el hombro de la mujer y, de repente, la mujer se volteó y se veía claramente un demonio en su rostro, lleno de odio en su mirada amenazadora, haló los cabellos de Lolita y la arrastraba por el suelo mientras gritaba con voz masculina: "Te odio y te voy a destruir, te odio, y no descansare hasta lograrlo"

El pastor, al darse cuenta, apresuró su paso y rescató a Lolita de ese ser malvado que vivía dentro de esa pobre mujer.

Fueron dos semanas en ese pequeño pueblo donde habían ido a hacer una campaña evangelística, Lolita se sentía feliz al momento de servirle a Dios, pero en los momentos libres donde todo el grupo socializaba Lolita se incomodaba, no sabía cómo entablar una conversación, o tal vez no tenía el sentido de pertenencia con ningún grupo, ni siquiera con su familia, ella continuaba sintiendo que ella no pertenecía a este mundo.

Los días de la campaña continuaban y muchas personas se estaban rindiendo al amor de Dios, pero había un grupo, que parecía como una pandilla compuesta por jóvenes que se divertían burlándose todas las noches del evento y trataban de boicotearlo.

En el momento que el pastor mandaba a recoger la ofrenda los chicos malos metían piedras o en vez de colocar una ofrenda la retiraban, por ese motivo los que colectaban las ofrendas evitaban pasar por donde se agrupaban los pillos. Al jefe de la banda lo llamaban el temible Jimmy. Una noche el pastor llamó a la tímida Lolita para ella se encargada de recoger las ofrendas, sus compañeros se pusieron tensos, pensaban que era muy mala decisión del pastor de encomendar a Lolita esa tarea. Lolita con su delgada silueta, su postura delicada y rostro angelical comenzó a pasar la cesta entre los presentes, ella se estaba acercando al grupo temido por sus compañeros y decidió no esquivarlos, y al mirar al temible Jimmy directo a sus ojos, como hipnotizado sacó su billetera y ofrendó y dándole una señal a todo su clan, los cuales siguieron su ejemplo.

Desde entonces llegaban temprano al lugar de la campaña a primera hora y se ofrecían para ayudar, Jimmy no perdía tiempo y acercándose a Lolita le preguntaba sobre "ese Jesucristo. Lolita no predicaba como el pastor, a ella se le iluminaba su rostro tan sólo al pronunciar su nombre y le pregunto: ¿Te refieres a Jesús? Y Jimmy respondió: ¡Si! ¡Ese!, yo deseo conocerle y también deseo sentirlo en mi vida.

Lolita volvió para terminar unas clases que le faltaban de su segundo año de secundaria, y solo tenía una amiga, Kelly, su vecina, un año mayor que ella y cursaban el mismo año escolar pero por diferencia de edad, estaban en diferentes salones de clase, Kelly amaba a Loíta, y al igual que Christina, sabía que necesitaba que la cuidaran, Kelly era de estatura alta y delgada, su larga cabellera sumamente ondulada y dorada llegaba casi a su cintura y su rostro podríamos compararlo con la famosa modelo Margaux Hemingway. Lolita nunca llevaba dinero para la merienda, pero Kelly siempre compartía la suya con Lolita. El profesor de Geografía de Kelly también era el de Lolita, pero primero le daba clase a Kelly y después del recreo le daba la clase al salón que le correspondía a Lolita.

En una ocasión, estando en el recreo, Kelly le entrega a Lolita un examen ya contestado, con fecha y hasta con el nombre y apellido de Lolita, y le dijo: El maestro nos hizo un examen sin previo aviso y al recoger nuestros exámenes escribió las preguntas y respuestas correctas para que tuviéramos una idea de cómo habíamos salido en el examen y nos dijo que haría lo mismo con la próxima aula, en el salón de tu clase. **Yo escribí el examen con las respuestas correctas, escribí tu nombre, solo lo tienes que entregar.**

Ya Lolita estaba asustada y el maestro, como ya Kelly se lo había dicho , el maestro mandó a guardar todos los cuadernos debajo del pupitre y que tendrían examen, Lolita tenía el examen doblado de Kelly en su bolsillo de su falda del uniforme, comenzó el momento de contestar el examen, y Lolita tenía la mente en blanco, solo pensaba en el examen que tenía ya completado, y no pudo contestar ni una pregunta del examen, mientras todos se levantaban para entregar sus exámenes, Lolita sentada aun en el pupitre no sabía qué hacer, no tenía tiempo de responder ni una pregunta y con dolor se levantó y le entregó el examen en blanco, y el maestro la miró con asombro y le preguntó: ¿Porque no me entregas el que te dio Kelly? Lolita de solo pensar que el maestro se había enterado de su mala intención se llenó de vergüenza y su rostro reflejaba angustia, y el profesor mirándola con ternura y preocupado por su ansiedad le dijo: No te preocupes, tranquilízate, acepto la página en blanco y no evaluaré tus repuestas, sino tu honestidad.

Kelly y Lolita eran muy unidas, vecinas, vivían una al frente de la otra. Lolita se sentía muy cómoda con la amistad de Kelly, ella la amaba como era y no la hacía sentir extraña como el resto de la gente, su familia la cuidaba, pero perdían la paciencia muy rápido con ella, pues nunca estaba atenta a nada de lo que ocurría a su alrededor, siempre viviendo en su propio mundo. Muchas veces eran hirientes, tal vez porque Lolita no terminaba de aterrizar al verdadero mundo al que pertenecía.

Kelly era la única hembra del matrimonio entre tantos hermanos varones, muy apegada a su familia, especialmente en ese tiempo a su padre, un hombre luchador que quería a toda costa convertirse en un exitoso comerciante lo cual lo logró.

Larry, su hermano mayor, para los ojos de Lolita era el chico más sofisticado de la vecindad, cosas que a ella le intimidaba, fue el primero en manejar un auto entre todos los demás chicos, su manera de vestir era más a la moda, pero Lolita en realidad, aunque todos en el barrio la conocían, nadie le hablaba, pues era una **"muchacha extraña".**

En una ocasión cuando Lolita después de despedirse de su amiga, atravesando la calle, Larry la detuvo y se le acercó y tomándola por un brazo le dijo: Hueles muy rico y eres muy bonita. Lolita no podía perder esta gran oportunidad que Dios le estaba dando y tomando coraje logró hablarle y le dijo: ¡Larry, Jesús te ama!

Esas palabras según la expresión de su cara habían causado algún efecto en Larry y Lolita soltándose salió corriendo y entrando en su casa se arrodilló con una tremenda alegría, había logrado obedecer a Dios de hablarle al chico que ella sentía que más necesitaba del amor de Dios, pero su manera sofisticada de ser se lo habían impedido. Sabía que aún no había terminado su trabajo, que necesitaba hablarle más de Dios, pero nuevamente su timidez se lo impidió, en vez, le escribió un poema, total, ella ya le había escrito poesías a otras personas y estaba segura que ninguna sabía que ella era la autora, pero este poema era diferente, cuando ella lo terminó de leer, se atemorizó, era un poema profético que la asustó.

Una nueva campaña evangelística tipo relámpago tendría efecto en un barrio bien desconocido para toda la familia y los jóvenes de la iglesia, pero como el predicador era un artista famoso a quien llamaban "El Puma" fueron varios a verlo, cuando terminó ya era muy tarde y tendrían que tomar dos autobuses para regresar a la casa.

Estaban varios esperando por el autobús que los llevaría al centro de la ciudad, cuando de repente unos hombres dentro de un automóvil pasaron frente a ellos, quienes estaban parados dentro de la entrada de una gasolinera y los hombres mirando al grupo maldecían tanto es español como también en otra lengua extraña, pero la mirada de ellos estaban sobre la persona de Lolita, luego de unos cuantos segundos se habían metido por el otro extremo en el estacionamiento del pequeño centro comercial y en un pestañar tumbaron a Lolita con el auto y estando ella en el suelo se retiraban lentamente pero para retroceder a toda velocidad hacia donde estaba Lolita en el suelo cuando una persona de seguridad disparó y el auto desapareció.

Todo fue tan rápido que apenas el grupo podía asimilar lo ocurrido, pero Lolita recordó la mujer poseída que le había gritado:

¡Te odio y te voy a destruir!

A pesar de lo ocurrido Lolita no sentía temor, aunque desde ese día pensó que debería de tomar más precauciones, "el enemigo" le había hablado en serio. De todas maneras, Lolita no le contó a nadie de su familia lo que había sucedido en la campaña donde esa mujer la había arrastrado por los cabellos por el suelo.

La próxima ocasión fue caminando al liceo, otro auto manejaba hacia su dirección, se veía un carro normal, pero aunque ella no era astuta ni tenía agilidad mental, algo dentro de ella le decía que huyera, Lolita corrió hacia unas urbanización donde no podían meterse carros, era como un laberinto las callecitas, Lolita pensó que si el auto manejaba a toda velocidad la atajaría al salir de la urbanización, también sabía que al final estaba la calle que donde se encontraba el liceo, ella trató de recorrer el laberinto lo más complicado posible para no ser atrapada en el atajo, corriendo y dirigida por su instinto por fin llegó a su destino sana y salva, ella ya intuía cuando un peligro la asechaba.

En una de las tantas veces que Lolita iba al servicio religioso vio como las personas estaban paradas al frente con sus manos extendidas, ya había observado eso anteriormente, pero en esta ocasión, ella no quiso pasar adelante, prefirió observar cómo actuaba la gente y sintió celos, y le preguntó a su amigo:

Jesús ¿Porque yo no siento eso? tal vez no pertenezca a este lugar.

Había una mujer muy respetada en la iglesia porque decían que Dios hablaba por medio de ella. Cuando Lolita escuchó su voz diciendo:" Dios dice así"

"'No es que yo te ame menos, es que tú no le das cabida a mi Espíritu Santo en tu vida, pasa adelante y ríndete ante su presencia"

Lolita absorta por lo que la mujer había dicho , y mirando a su alrededor, quería observar si el mensaje era con ella o con alguien más, ella solo observó a las personas obedeciendo pasaban adelante y alzaban sus manos, Lolita no quiso ser la única desobediente y pasó adelante, levantó sus s manos como lo había hecho muchas otras veces imitando a los demás, pero en esta ocasión algo diferente sucedió, Lolita no sabe si fue su alma o su espíritu que salió de ella y se fue delante de la presencia de Dios, no tuvo ni tendrá jamás las palabras exactas para describir lo que sintió, era como si el tiempo no existiera, no hay palabras, solo su Santa Presencia.

Cuando Lolita volvió en sí, la iglesia estaba vacía, eran ya casi la una de la mañana, sólo estaba sentada en una banca su madre esperándola y la miró queriendo hacerle un millón de preguntas, pero respetó el silencio de Lolita, cuyas lágrimas corrían por sus mejillas debido a lo que sentía, tuvieron que tomar dos autobuses para llegar a la casa y, por todo el camino, Lolita no hacia otra cosa que llorar, no sabía porque

lloraba tanto, no sabía cómo parar el llanto, no sabía qué hacer en esas
calles caminando entre humanos porque durante ese corto periodo de
tiempo, estando parada cerca del altar de la iglesia , ella había disfrutado
del mundo donde ella realmente pertenecía.

Bienvenida quien viajaba mucho, visitando a cualquier familiar que
ella consideraba que necesitara su ayuda, quedándose por unos meses
con su hermana y sobrinas, invito' a Lolita a un estudio Bíblico en
una casa no muy lejos de allí, Lolita encantada aceptó la invitación
y fueron caminando, eran como varias cuadras, llagaron al lugar, la
entrada tenía un portón de hierro, no muy alto, que al atravesarlo había
un camino estrecho que llegaba hasta la pequeña y humilde vivienda.
En ambos lados de ese camino habían muchas flores, especialmente
rosas en macetas hechas de diferentes materiales, aunque no lucia muy
uniforme el diseño del jardín, las rosas eran bellas y tan bien cuidadas
que llamaron la atención de Lolita, tocaron la puerta y cuando se abrió
había una pareja joven, el hombre llevaba entre sus brazos un bebé en
sus brazos y la mujer un niño de no más de dos años, era el hombre
que Lolita había visto detrás de la cerca, esta vez él no miró a Lolita
ni una sola vez, habían varias personas en la pequeña sala y el joven
comenzó su enseñanza Bíblica, luego ofreció un refrigerio, él se veía
feliz de ver a su amiga Bienvenida, él había conocido muy bien al señor
Antonio y a Bruno, el hijo del señor Antonio, quien se había mudado
para Venezuela .Frank A pesar de ser tan joven y de haber terminado
solamente la secundaria se escuchaba muy letrado, hablaba nueve
idiomas a la perfección, además de algunas lenguas indígenas.

Bienvenida prefería ir a los estudios de Frank que ir a la iglesia,
aquí ella podía hacer preguntas, además que a él le gustaba enseñar a
través de escenas personalizadas para que la gente entendiera manera
más fácil sus enseñanza, así que le pidió a Lolita para que participara en
los dramas, pero nunca le miraba a los ojos, esquivaba su mirada, así que
Lolita participó en varias escenas y también se iban a predicar de dos en
dos o en algunas ocasiones tres por la casa de la próxima urbanización,

a Lolita la mandaba junto con su tía y un hombre para que estuviesen acompañadas.

Ya había suficiente confianza ente Bienvenida y Catalina, la esposa de Frank, quien se quejaba de que no les alcanzaban el dinero para vivir una vida más cómoda, pues su esposo preparaba bolsas de comida para regalárselas a los menos afortunados, ella se quejaba porque no les quedaba lo suficiente para ir a un cine o disfrutar de otra actividad, tampoco alcanzaba para comprar un nuevo juguete a sus hijos, se cree San Francisco de Asís, decía ella.

Bienvenida decidió comprarse una casa que encontró a muy buen precio, pero necesitaba alguna reparación, un poco retirada de la casa del señor Antonio y Lolita no regresó más a los estudios Bíblicos en esa pequeña vivienda rodeada de rosas.

Albina seguía trabajando en la misma tienda por departamento, trabajaba duro, de lunes a sábado y para colmo debía tomar dos trasportes y caminar varias cuadras para llegar a la casa. Albina sabia administrar su salario por lo que compraba los alimentos en mercados que ofrecían los mejores precios. Albina era astuta y tenía unas cualidades muy especiales, una de ellas era mantenerse al día de los acontecimientos mundiales a través de libros y revistas que leía cuando tenía tiempo y por esa razón tenía una amplia cultura general, poseía una hermosa letra a mano, pues había trabajado antes en un registro civil, donde se hacían los certificados de nacimientos, de defunción y otros documentos legales a mano. Desde su conversión a Cristo, nunca más tuvo una relación amorosa y estaba en los casi cuarenta años, le fascinaba cantar canciones cristianas, pero también muchas otras de artistas de la época, uno de ellos era su cantante preferido era uno de España llamado Rafael. Era obsesionada con el orden y le gustaba arreglar los escaparates, su departamento en la tienda era uno de los más arreglados, si un cliente llegaba a ver la mercancía y la dejaba desarreglada, Albina le llamaba la atención y le decía: Usted encontró esto arreglado. Le gustaba hablar en claves con sus hijas para que los demás no se dieran cuenta de lo que se decían, ellas estaban acostumbradas, menos Lolita que no entendía nada.

Cuando no había servicio en la iglesia Albina, al salir del trabajo, pasaba por una panadería famosa de la ciudad llamada "Bella vista" a comprar dos bolívares de pan, sabía que a sus hijos les encantaba untándolo con mantequilla. En una ocasión, la nómina del salario no llegó a tiempo, no pudieron pagarles a sus empleados, Albina no se percató que solo contaba con el dinero exacto para el trasporte de ida y regreso a su trabajo y no alcanzaba para comprar el tradicional pan que acostumbraba a llevar a casa, hacían falta dos bolívares, ella pensó:

¿Qué hago Dios? Si compro el pan, me tocará irme caminando y estoy muy lejos de la casa. De pronto Albina miró al piso y había una moneda de dos bolívares en el suelo y dijo: ¡Aleluya! Benditos Dos Bolívares, ella lo consideró siempre como un milagro y como un milagro se contó por años esa historia en la familia que la titularon: "Los Benditos dos Bolívares".

Finalmente Christina había logrado obtener un trabajo en una importante compañía petrolera, su vida había cambiado mucho, ya no era una niña y aunque aún tenía diez y siete de edad pensaba como una mujer adulta, ya casi no la veían en la casa, pues trabajaba tiempo completo y de noche continuaba sus estudios universitarios, apenas comenzó a ganar dinero, su primer salario se lo entregó a Albina y le prometió darle más después que ella tuviera suficiente ropa adecuada para su trabajo, Christina parecía una ejecutiva en su oficina, pronto empezó la reseñaban en revistas y periódicos cuando recibía los visitantes de la empresa y algunas veces salía su fotografía. Gracias a ese trabajo, Christina podía contribuir con algo adicional al presupuesto de Albina.

TE SERÉ FIEL HASTA EL FIN DEL MUNDO

Lolita había leído varas veces la Biblia desde Génesis hasta Apocalipsis, pero prefería leer más el antiguo testamento, le era más fácil de entender, en una ocasión decidió esforzarse para entender mejor el nuevo testamento, y se da cuenta que Jesucristo volvería en una nube por sus hijos, Lolita volteando su rostro hacia la dirección 3:00 am le pregunto: ¿Porque no me habías dicho esto? ¡Vas a regresar! y en una nube!

Lolita salió corriendo al patio mirando las nubes, ya podía visualizarlo llegando como un Rey, Lolita pasó unos días obsesionada con el regreso de su amado Jesús que vendría por ella, vivirían por fin en el mundo donde ellos pertenecían.

Al siguiente Domingo, Lolita con una felicidad tremenda, pues Jesucristo podría llegar de un momento a otro y ella lo esperaba con ansiedad, el pastor predicó precisamente de su venida y digo que era necesario que primero el evangelio fuera predicado por todo el mundo, Lolita con su mente visualizó el planeta, los continentes, y se entristeció, ya tenía el presentimiento que no vendría en esos días, pero ya ella se había ilusionado tanto con la idea que no aceptaba la realidad, entonces vino con una idea genial, y así se la hizo saber : Ok, entiendo que no quieres que nadie se pierda, sino que todos procedan al arrepentimiento y por eso es tu tardanza , pero nosotros no tenemos que esperar a tanto, tengo una idea, yo me puedo ir!, si, esa es la solución, llévame contigo, me puedo morir y los demás que se queden aquí, así pasó Lolita toda la semana tratando de convencer a Jesús, su amigo del alma, a su Señor que estaba a su lado, en su posición habitual, pero permanecía en silencio, Lolita pensaba que su silencio se debía a que debería estar pensando en su propuesta.

El siguiente Domingo, ya casi por terminar el servicio, la mujer que hablaba en nombre de Dios dijo claramente, en voz alta y con elocuencia:

No es tiempo de que tú te vengas conmigo por ahora. Ese amor que aseguras tenerme será probado y pasarás por fuego y por muchas aguas, pero no tengas temor porque:

"Yo estaré contigo todos los días de tu vida"

Lolita sintió que un valde de agua fría le cayera sobre su cabeza, estaba toda confundida, toda una semana de silencio, le manda un mensaje a través de una tercera persona, necesitaba ella probarle a Él cuanto lo amaba, ¿No sabía Él, todas las cosas? ¿No sabía Él, cuanto lo amaba?

A Lolita le invadió un sentimiento hasta ahora desconocido, era una mezcla de dolor, de abandono y también de rabia y de altivez y pensó: "Puedes probarme como tú quieras <u>tú sabes cuanto te amo, que dudes de mi amor es algo que mi ser no puede soportar.</u>

Té aseguro que te seré fiel hasta el fin del mundo.

La semana siguiente El aún estaba a su lado, en la misma posición, pero los dos mantuvieron silencio.

Albina inscribió a Lolita en una escuela para adultos, para que pudiera graduarse de su secundaria, la escuela quedaba como a seis cuadras del trabajo de su mama.

Era diferente esta escuela, era para gente adulta y ella era una de las más jóvenes, tenía diez y siete años y comenzaría a cursar el tercer año de secundaria y como los estudios eran intensivos los tres años que le faltarían en una escuela normal, a ella le tomaría solamente un año y tres meses. La secretaria de la escuela era una muy buena amiga de Belinda quien reconoció a Lolita de inmediato, descuidadamente le daba a Lolita el examen para que se lo estudiara, y al darse cuenta algunas señoras adineradas se ofrecieron para pagar la escuela de Lolita si compartía con ella la información, algo que a lolita no le pareció mala idea, aunque seguía siendo tímida y no tenía amistades con nadie. Todos los días, al terminar la escuela, Lolita se iba caminado hasta el trabajo de Albina y hacían actividades juntas, si no había servicio en la iglesia, se iban de regreso a su casa predicando a cuanta persona se les atravesara.

Exámenes finales y la amiga de Belinda no tenía acceso a esos exámenes, venían profesores de otras escuelas, ese día tendrían examen de inglés, y Lolita al ver al profesor de lejos, lo reconoció era también amigo de Belinda, Lolita pidió el teléfono prestado y llamó a su hermana y le contó la situación. no te preocupes, ya me comunico con él, dijo Belinda.

A la hora del examen el profesor sentó a lolita al lado de quien él sabía que era el mejor de esa clase y acercándose a lolita le dijo a Lolita, puedes copiarte del que está a tu izquierda todo lo que quieras, yo no te voy a ver. Lolita se llenó de vergüenza, pero tenía que vencer esa manera de ser tan boba. El examen consistía en frases en ingles que tendrían que ser traducida al español.

Lolita respirando hondo, con muchas ansias le dijo al muchacho de su izquierda:

¿La número uno?

El muchacho le contestó: Muy bien gracias.

¿La número dos?

Eran tres amigos

La número tres:

yo no sé.

Lolita aun sabiendo que podía copiarse descaradamente lo hacía con mucha precaución y mirando que su compañero si había respondido la pregunta número tres, le dijo:

- ¡Si sabes, la tienes escrita!

"Yo no sé

Lolita no quería seguir humillándose, pidiéndole ayuda a alguien que obviamente no quería auxiliarla, ella trató de contestar el examen por si sola, matemáticas e inglés, eran para Lolita las asignaturas más difíciles de aprender así se esforzara no eran su fuerte.

Finalizó el momento de entregar el examen y a la salida Lolita, que no hablaba con casi nadie le preguntó al muchacho porque no la había ayudado si su examen estaba todo respondido, el muchacho le dijo" I do not know quiere decir en español: "yo no sé", esa era la respuesta que debías escribir, te la repetí dos veces. El maestro le contó a Belinda lo sucedido y lo tonta que era su hermana. Jejeje.

El profesor de historia cada vez que empezaba su clase hablaba de Lolita en forma poética, Lolita se sonrojaba, todos la observaban y como que disfrutaban verla con esa incomodidad. Lolita quería desaparecer del lugar, de todo se avergonzaba, si la miraban muy fijo la incomodaba y trataba de estar distante de todos, al terminar una de sus clases en una ocasión vio a una de las estudiantes, era tan joven como Lolita, pero popular y siempre rodeada de chicos y chicas alegres, vestidos a la última moda; la vio venir, estaba rodeada de personas bien vestidas, profesionalmente y se dirigían hacia ella, Lolita se quedó paralizada mientras sentía que se acercaban, después de saludarlas le dijeron que la habían estado observando y, que la habían elegido a ella para representar el estado Zulia para un concurso de belleza que una conocida marca de productos de belleza estaría realizando y serie televisada, estaban buscando el rostro más bello de Venezuela y que ella después de haber buscado a varias chicas habían decidido que ella seria perfecta para representar su estado natal.

Lolita no se explicaba como personas que parecían serias se podrían haber prestado para burlarse de ella, todavía inmóvil sin siquiera poder pronunciar una palabra, solo bajo la mirada y tan pronto como pudo dar sus primeros pasos, se apresuró para irse del lugar con un nudo en la garganta.

Lolita había quedado en recoger unos papeles en la oficina de su hermana, así que fue por primera vez al edificio donde su hermana trabajaba, al llegar al a oficina, Christina la introdujo a sus compañeras de trabajo como su hermana y dijeron: Es bellísima, que rostro tan lindo tiene, hasta podría concursar en el nuevo certamen de belleza como el rostro más bello de Venezuela, y sacando un artículo del periódico Lolita vio a las personas encargadas de elegir a la afortunada chica y eran ellos, los mismos que la habían ido a buscar a la escuela, Lolita decidió no decir nada de lo ocurrido, eso le causaría mucho más bochorno del que ya había pasado. Se burlarían aún mas de ella al saber su comportamiento infantil ante los encargados del famoso concurso.

DANIEL COMO PADRE

Daniel estaba muy feliz, ya había ahorrado lo suficiente como para comprar el terreno para construirle la casa a su madre, lleno de orgullo por haber logrado lo que se había propuesto por mucho tiempo, llamó a su madre para darle la buena noticia y decirle que buscara un terreno donde ella quisiera y que buscara una compañía de construcción para que le dieran presupuesto, algo pequeño y sencillo, pues no era mucho lo que ganaba, su madre feliz con la noticia pero tenía que darle a cambio la noticia de una desgracia que había ocurrido , su hijo mayor, Kito quien había vivido en la casa hogar había tratado de suicidarse y lo llevaron a un médico que les recetó unas medicinas para tranquilizarlo y Kito había tomado el medicamento de más lo que trajo como consecuencia que su hermano se había vuelto muy lento y distraído y que ella pensaba que si lo mandaba con él tal vez eso lo ayudaría. A Daniel no le gustó mucho la idea, él apenas podía mantenerse, el dinero del terreno fue gracias al gran sacrificio de su duro trabajo y, abstenerse de cosas que como joven desearía tener, hacerse cargo de un hermano con problemas y en una ciudad tan peligrosa, además él necesitaba tiempo para dedicarle a su novia, de quien cada día se enamoraba más, pero terminó aceptando, Daniel le era difícil negarle algo a su madre.

Semanas más tarde llegó Kito y Daniel viendo que su madre no había exagerado, Kito, era como su padre, bohemio, quería cantar con una guitarra imaginaria y si había alguna bebida en el departamento era feliz, todo era un chiste para él y no se tomaba la vida en serio, Daniel le compró un diccionario y le pidió que no saliera del apartamento, que primero aprendiera inglés, no quería que su hermano se metiera en problema y él tendría que darle cuentas a su madre.

Kito fue muy bien recibido en el grupo de amigos de Daniel, y entre todos le compraron una guitarra, Kito tocaba la guitarra con destreza y sabia cantar muy bien, eso le hacía falta al grupo de vez en cuando, los hacia reír con su chistes y ocurrencias. Kito era un tipo bonachón.

Rosi le dio la noticia a Daniel, tenía dos meses de embarazo, eso asustó a Daniel, no estaba dentro de sus planes, él no estaba preparado para ser padre, tenía que construirle la casa a su madre, él pertenecía a una pandilla, bueno, ellos se hacían llamar pandilla para hacerse respetar de los otros, ellos se dedicaban a trabajar no a robar ni a delinquir, eso sí, se metían en líos cada vez que los pandilleros querían hacerle daño a cualquiera del grupo, se protegían entre sí.

Daniel le daba vueltas al asunto, tenía que resolver ese problema, él solía tomar siempre sus propias decesiones desde pequeño, pero, esta vez, se sentía vulnerable y confundido, así que decidió llamar a su madre y contarle lo que le estaba sucediendo, Marina le contesto: A mí, ningún hijo hombre que haya preñado su mujer, le da la espalda a su responsabilidad como padre, usted se casa con esa chica y hágale frente a su nueva obligación. Sentenció la madre.

Daniel ya tenía resuelto el problema, se casaría con la chica, así que consiguió un trabajo en construcción donde ganaba más dinero y se mudó con Rosi después de haberse casado con ella, sin fiesta ni nada por el estilo. El solo quería cumplir como hombre como su madre se lo había sugerido y se llevó a Kito con él, no sin antes hablarle a los amigos y decirles que la amistad continuaba, pero él ya no podía ser parte de la "pandilla", no le parecía correcto seguir de pandillero, meterse en líos viniendo un niño en camino, sus compañeros entendieron y quedaron como amigos.

Daniel tendría que poner cada cosa en su lugar, así que le buscó trabajo a Kito lavando platos y él comenzó a trabajar horas extras, aunque aún seguía jugando futbol con sus amigos, mientras se hacía de nuevas amistades en el nuevo trabajo de construcción, ya no eran amigos tan jóvenes, eran la mayoría hombre con familias ya formadas.

Llegó el momento tan deseado y temido por Daniel, el nacimiento de su primer hijo, Daniel jr. Ahora era un padre de un bebé y vino sin manual de instrucciones, Daniel sabia de calle, había nacido atorrante, a pesar de ser flaco se podría enfrentar ante cualquier grandote que quisiera amedrentarlo, sabía que podía trabajar en lo que sea, pero como ser papá era diferente, él no quería ser como su padre, estar ausente en la vida de sus hijos, poner por delante su estilo bohemio que tanto disfrutaba sin pensar en que había unos hijos necesitando de su presencia.

EL ANHELO DE LOLITA

L olita se graduó de secundaria con notas regulares. ¿y ahora qué? Ella soñaba con ser consejera o psicólogo o simplemente casarse con un pastor o evangelista y así apoyar a su futuro esposo llevando las buenas nuevas de Jesucristo por todos los rincones de la tierra y así apresurar la venida de su amado Jesús.

En la iglesia había sucedido varios episodios dolorosos y muy delicados que separaron a la iglesia y Lolita no sabía cómo lidiar con ese asunto, sentía que su mundo se derribaba, pero en esos días tormentosos Christina le había conseguido trabajo a Lolita como secretaria en una pequeña oficina dentro de un edificio alto retirado de las zonas conocidas por Lolita, frente al edificio había una plaza grande que tenía un obelisco alto y alrededor de la plaza habían puestos de diferentes comidas callejeras .

Albina se emocionó mucho de que su hija pudiera empezar a cambiar y poderle ver forma a su vida futura, la entrevista de trabajo fue muy corta, era como si la estaban esperando para esa posición, le dieron algunas instrucciones. Se trataba de un servicio de correo privado, para las personas o compañías que quisieran que su correspondencia llegase máximo en dos días, unos motorizados recogían la correspondencia, la llevaban a la oficina donde solo había que colocar la correspondencia dentro de unos sobres especiales con el logotipo de la compañía y llevar contabilizada cada carta y asegurarse que la correspondencia ha llegado a su destinatario.

Los dueños de esa pequeña compañía eran cuatro hombres, dos eran hermanos y los otros dos eran amigos, todos tenían diferentes maneras de ser, pero Lolita solo tendría que tratar con uno de ellos, el más joven. En poco tiempo Lolita aprendió a desempeñarse en su empleo, ganaba el salario mínimo, en verdad lo más difícil del trabajo era el transporte, el ir y regresar al trabajo dos veces al día, corretear los carros y las largas caminatas.

La dulce abuelita ya con su caminar más lento, prefería pasar el día debajo de una mecedora debajo de un árbol mirando a la nada. Sus brillante ojos azules se veían de color gris opaco, ya no tenía nada que decir, siempre en silencio, esperando que pasaran los días, pero, aun así, en medio de su ya notoria pérdida de memoria, no se acostaba hasta que no viera a Lolita llegar, para ella seguía siendo la niña frágil y cuando Lolita no estaba miraba el camino y al verla de lejos que ya regresaba, entonces por fin podía ir a dormir en paz. Compartían el mismo dormitorio y Lolita escuchaba su respiración, cada vez más lenta y lo hacía con más dificultad. Lolita cerraba sus ojos y se imaginaba que abrazaba su alma dormida y le rogaba a su buen Dios que el día que se llevara a su abuelita se la llevara a ella también, aunque no había mucha comunicación entre ellas porque Lolita estaba casi siempre en su mundo, pero su abuelita era el más puro recuerdo que tenia de su niñez.

Lolita se sentía un poco perdida, su tía se había mudado a otra casa, a eso se dedicaba ahora, a comprar casas en malas condiciones, las arreglaba ella misma y luego las vendía, Christina trabajando y estudiando, la iglesia ya no era la misma, y El ya no se encontraba en su posición de 3:00 AM.

Una tarde, estando en su trabajo, Lolita se encontraba sola en la oficina, su jefe a veces faltaba y ella se quedaba a cargo de la oficina y se le acumuló el trabajo, tenía que terminar ese mismo día para cuando llegaran los motorizados al día siguiente estuviera ya todo listo y sin darse cuenta se le pasó el tiempo. Al salir de su oficina que era completamente cerrada se dio cuenta que todo el edificio estaba oscuro que ya eran pasada las nueve de la noche y ya el edificio estaba vacío, fue apresurada al elevador pero no funcionaba, tal vez lo apagaban después de cierta hora, pensó en bajar las escaleras, varios pisos cuando escuchó en la oscuridad unas cadenas que se arrastraban por el piso, ella se asustó y apresuró su paso, pero igual se apresuraban las cadenas, finalmente llegó a planta baja y tomando las manillas de la puerta trató de abrirla pero la puerta estaba cerrada con llaves, su corazón palpitaba muy fuerte, no podía ver con claridad porque estaba totalmente oscuro y solo se escuchaban las cadenas, un ruido aterrador que invadió a Lolita de un miedo atroz, sintió que se desvanecía, cuando escuchó Su voz:

" No tengas miedo, Yo estoy aquí contigo",

Lolita cuando vio era el conserje, un anciano sin dientes que arrastraba unas cadenas y le dijo: se te hizo tarde, permíteme y te abro la puerta.

Lolita salió apresuradamente del edificio, confundida porque no era la puerta principal, sino por el estacionamiento trasero del edificio, Ya se había tranquilizado, aunque aún andaba buscando; la salida del laberinto del estacionamiento para llegar a la calle principal y sentirse más segura, a pesar de sus temores, había algo mucho más importante, había escuchado de nuevo Su voz, Su dulce voz, ¡"Oh Dios cuanto te extraño!", exclamó Lolita.

DE NUEVA YORK A TEXAS

El trabajo de construcción había bajado bastante en NY y habían escuchado que Texas estaba creciendo y tendrían más oportunidad de encontrar un nuevo empleo, así que después de estudiar el mercado y haberlo conversado entre el grupo de amigos, que ya la mayoría al igual que Daniel tenían sus familias, decidieron ir a Texas vía carretera en caravana, todos juntos.

El grupo de familias tomaron rumbo hacia un nuevo estado en busca de un mejor futuro, ya Daniel no sentía igual que cuando viajó solo de Argentina de diez y seis años, ahora tenía su propia familia, una esposa y un hijo, sabía que no podía llegar a cualquier lugar, recordó cómo antes de decidirse a vivir con sus amigos ya dejando el hotel por falta de presupuesto durmió varias veces en la banca de un parque y se arropó con papel periódico, mientras sus lágrimas se congelaban y no podían rodar por sus mejillas.

Algunos tenían automóvil, y otras camionetas, mientras otros tenían van, así que fueron unidos para poder llevar las pocas pertenencias que llevaban, los niños estuvieran cómodos en el largo viaje que duraría más de veinticuatro horas.

Entre tantas ciudades que tenía el estado más grande de Estados Unidos, decidieron llegar a la ciudad de Houston, la llamaban la ciudad espacial pues allá estaba la Nasa y estaba en vía de convertirse de una pequeña ciudad a una ciudad Cosmopolitan, así que trabajo de construcción no les faltaría.

Llegaron al motel más económico que encontraron, necesitaban repartirse las cosas por hacer, donde vivir, ordenar los servicios eléctricos, agua, etc., Tendría que ser por ahora todos en el mismo complejo de apartamento para apoyarse los unos a los otros, Daniel, el más astuto de todo, se encargaría de buscar trabajo para todos, era difícil ir y aplicar trabajo para varias personas, así que Daniel se llenó de valentía y fue a buscar trabajo en un hotel que estaban construyendo, como siempre dudaban en darle trabajo por su escuálida figura y, él nunca dándose por vencido, ofreció trabajar por una semana gratis, sin compromiso. Si él no les parecía lo suficientemente competente para esa labor, sin problemas él se iría sin recibir ningún pago, así fue como comenzó a trabajar construyendo el hotel Adam's Mark.

El encargado de la obra había cometido el error de mandar hacer el baño primero y luego no había forma de ponerle la bañera dentro, Daniel pidió ver los planos del edificio y le preguntaron: ¿Es que sabes leer los planos?

Pues sí, tengo mucha experiencia, al resolver Daniel el problema le dieron inmediatamente

el puesto de supervisor, así que pudo emplear a sus amigos.

A todos les gustó más la ciudad de Houston, ya no vivían en zozobra por tanta delincuencia en NY, era mucha más pequeña y fácil de conocer, además que el invierno era mucho más soportable.

Ya Daniel de supervisor, ganando más dinero y el costo de vida en Houston era más económica pudo terminar con los pagos de la casa de su madre. Daniel se sentía muy satisfecho por sus metas logradas, pero tenía un problema, era "pica flor", no era hombre para una sola mujer y Rosi, al darse cuenta, comenzaron los problemas entre ellos. Daniel no quería perder su hogar, pero tampoco podía cambiar su manera de ser, siempre él era en centro de atención en todas las reuniones, y aunque no era guapo su personalidad podía convencer a cualquier chica que se rendirá ante sus encantos, detalles y elocuencia.

Tal vez comprar una casa para ellos convencería a Rosi para quedarse con él y planear una reconciliación y junto a la reconciliación llegó una hermosa niña, Marina, que unió a la familia nuevamente.

Mientas pasaba el tiempo fueron conociendo más argentinos y decidieron comenzar a reunirse de vez en cuando a unas penas, era un salón de fiesta que en parapetaban una tarima, donde cualquiera de ellos que tuviera algún talento pasaba o bien sea para cantar canciones que les traía recuerdos de su tierra, sus costumbres, o recitar poemas.

Daniel era el de los chistes, allí conoció a otro argentino que era gordo y locutor de una estación de radio en español, y se reconocieron, habían vivido en el mismo barrio cuando niños y hacían dúo haciendo chistes y los llamaban "El gordo y el Flaco"

Era un ambiente familiar y siempre hacían asado y empanadas argentinas, la entrada no costaba mucho, solamente como para cubrir el gasto del salón y la comida, eran muy unidos y los que cocinaban no cobraban, tampoco los meseros al igual que los que entretenían, ellos solo querían pasarla bien y recordar sus vidas que habían dejado en su amada tierra.

ULTIMA NAVIDAD EN FAMILIA

Era una tarde más cuando Lolita salía de su trabajo sin imaginarse que al llegar a su casa estaría su papá, esta vez había ido con su hija menor que había tenido con otra mujer, su hija era una niña encantadora de doce años, su abundante cabellera negra completamente lacio y ojos color aceituna, a todos le caía en gracia su manera de hablar español, nadie creería que tuviera doce años su cuerpo muy bien formado parecía como si fuera una muchacha de dieciocho años. La niña al ver a Lolita de ya 20 años quedó maravillada con ella, Lolita parecía de catorce años, su baja estatura, su delgadez, un cuerpo y cara de niña. Lolita no se sintió muy cómoda con tanto alboroto en la casa con la llegada de ese hombre que le había hecho un desaire a Christina cuando estuvo en Los Ángeles. Lolita se encontraba confundida y un poco aturdida por la visita, aunque su amigo no se encontrara en su posición habitual 3:00 am, Él le había prometido estar con ella todos los días de su vida, ella se preguntaba. ¿Es esto lo que llaman fe? Creer lo que no ves, no sientes. De ser así mis respetos para esos personajes Bíblicos que se movían por fe, ella estaba acostumbrada desde chiquita a hablar con Él, a sentirlo, jugaban y reían juntos, le dolía tanto ese distanciamiento entre ellos que no entendía el cómo ni por qué y mucho menos para que.

Lolita creía que como era Navidad los visitantes habían ido solamente por unos días y se iban de regreso muy pronto.

Después de año nuevo, su nueva media hermana se divertía a lo loco, todo era diferente que en su país, el vecindario en la calle compartiendo los platos navideños regionales como las hallacas, pan de jamón, caldo de gallina, ensalada de gallina, torta negra, ponche crema. En todas las casas la música en voz alta escuchando tanto las gaitas (música típica de la región solo en Navidad). Todos los años los conjuntos gaiteros se lucían con sus mejores composiciones, la letra de las gaitas trataba de la vida diaria de Maracaibo y hasta en una ocasión le cantaron una gaita a un primo de la familia, Luis el perro, quien vivía en una zona muy popular donde tenía una barbería en su propia casa cortaba el pelo a los caballeros desde hacía muchos años, y mientras los demás salones de belleza y barberías aumentaban el costo del corte de pelo , el seguía cobrando lo mismo, eso sí, solo hacia el corte de totuma.

Al sonar el campanazo marcando las 12:am todos se abrazaban de manera muy calurosa y la niña que llevaba una vida diferente en Estados Unidas le dio mucha ilusión.

A la hora de querer darle el abrazo de feliz año nuevo a Lolita ya sabía que se encontraba encaramada en alguno de los tantos arboles dándole el feliz año a su entrañable amigo, ese amigo que ahora, ya conocía mejor y ya tenía nombre: Jesús ¡Lolita siempre quería darle el Feliz Año a El primero antes que a nadie, aunque sintiera que ya se había ido . El prometió estar con ella todos los días de su vida hasta el fin.

Lolita ya escuchaba a sus familiares llamándola en el oscuro patio donde ella prefería quedarse a solas, hasta que escuchaba la voz débil de su abuela: ¡Lolita!, ¡Lolita!, esa voz que la hacía ceder era la voz de su adorada abuelita.

Después de las fiestas, la vida continua y cada uno, a sus quehaceres diarios, al llegar Lolita al mediodía para almorzar y luego regresar a su diaria jornada, sin consultar con ella o sin ninguna explicación la llevaron a sacarse el pasaporte y así después pedirle visa en el consulado americano para irse a Estados Unidos de América. A pesar de que ya Lolita tenía veinte años, ella seguía obedeciendo las órdenes o decisiones que otros tomaban por ella sin cuestionar.

A penas le dió tiempo de anunciarle a su jefe lo sucedido quien se entristeció con la noticia, ya se había encariñado con la joven.

En el aeropuerto de Maracaibo, Venezuela la sensación era diferente, no iba a despedir a alguien, era ella quien viajaba y no entendía el por qué se tenía que ir, los anuncios por el parlante del aeropuerto la ponían nerviosa, Belinda, quien ya era madre de un niño de dos años iba con ellos, ya en el avión, sin saber cómo abrocharse el cinturón de seguridad, pero su nueva media hermana que si estaba acostumbrada a viajar la asistió.

Mientras el avión despegaba, Lolita veía como se alejaba de su vida, por lo menos Belinda estaba con ella, además de esos dos extraños en su vida, Belinda le había tocado una vida muy dura, pues era la hija mayor de Albina y había sido la encargada de ayudar a su madre con sus hermanos menores, cuando Albina no le daba tiempo de hacer la compra semanal o faltaban ingredientes para cocinar Albina le dejaba a Belinda algo de dinero que ella sabía estirarlo bien para que alcanzara. Desde niña aprendió a pelear por los precios, sabía perfectamente como defenderse en cualquier situación. Lolita no tenía mucho contacto con ella a pesar de que por algunos años habían vivido bajo el mismo techo.

Llegaron al aeropuerto de Fort Lauderdale, Florida. Saliendo de allí, Lolita miraba asustada la bella pero extraña ciudad para ella. Observaba que todos los anuncios estaban escritos en inglés, y todos se comunicaban en ese idioma, Lolita nunca le interesaba saber de qué hablaban las demás personas, pero ahora le urgía, se sentía muy sola y desprotegida y por lo menos le hubiera gustado saber cuáles eran los planes. ¿Qué hacia ella allí? Por qué su abuela, la tía o Christina no se habían opuesto a ese viaje sin sentido.

Llegaron a un apartamento de tres habitaciones, una era la que ocupaba Gilberto, la otra era para Belinda y su hijo Dennet y la otra habitación, la de su nueva media hermana Betty que estaría compartiéndolo con Lolita. Betty se encariño fácilmente con Lolita y cuando llegaba de su escuela tenía alguien a quien ella veía de su misma edad y una persona en quien confiar y contarle de su triste historia de vida.

Gilberto las llevaba a comer de vez en cuando a un hotel lujoso donde Lolita probó por primera vez la famosa bebida Mejicana, Margarita, bebida que finalmente le había gustado a Lolita.

Gilberto, su padre le daba tareas a Lolita para que fuera aprendiendo los primeros verbos, según el después de los pronombres los verbos más usados eran lo más importante para defenderse, ella por supuesto le pidió que le ensenara los verbos, orar, creer, amar, más el sin embargo le dijo que esos los aprendería más tarde, los principales verbos que tienes que aprender es: necesitar, querer, ir, comer, beber, aunque luego con una sonrisa nostálgica recordó lo primero que había aprendido Albina a decir: Cuánto cuesta?

Solo había pasado un mes en Florida cuando Gilberto llegó agitado y mandó a todas a hacer maletas, se irían a vivir a Texas donde había encontrado un mejor empleo, él era programador de computación y había encontrado trabajo con la prestigiosa compañía de American Express.

Les dijo solamente tienen que preparar las maletas con sus pertenencias, una compañía se encargará de la mudanza.

Así, llegaron a la ciudad espacial, Houston Texas. Llegaron a un lujoso hotel donde estuvieron alojados por un mes, solamente tenían que bajar a desayunar, almorzar y cenar o a tomarse cualquier otra bebida o postre que les apeteciera y firmar, todo estaría pagado por la compañía. A Belinda y Lolita se les hacía extraño pues no estaban acostumbradas a una vida tan fácil, pero Betty si lo estaba y ya preparada para cualquier cambio drástico por parte de su padre.

Gilberto llegó del trabajo y como lo presentía Betty, mandó apresuradamente de nuevo hacer las maletas y como un loco hasta las cobijas, almohadas y sábanas agarró en bolsas grandes de basura y Lolita que no entendía el comportamiento tan extraño de ese hombre, Belinda se imaginaba que se estaban yendo sin pagar y se fueron por la puerta de atrás donde los esperaba un taxi, Lolita al darse cuenta de lo que estaban haciendo, pues así se lo susurró a Belinda al oído, sentía que sus delgadas piernas no fueran capaces de sostenerla, sentía que se desvanecía del miedo y de saber lo que estaba haciendo, se llenó de vergüenza al entrar al taxi y Belinda también le comentó "el taxista sabe lo que estamos haciendo" el taxi los llevó a un apartamento nada agradable que quedaba en un segundo piso, aún no habían llegado los muebles, y para eso se había llevado Gilberto las cobijas y almohadas,.

El comportamiento de Gilberto variaba, a veces estaba de buenas y otras veces se sentía como frustrado y bebía mucho, el apartamento ahora solamente tenía dos dormitorios, uno donde dormía Gilberto y el otro, los demás, una vez llegó gritando como loco y Belinda, su niño Dennet con Betty y Lolita se encerraron en el cuarto y no querían salir. El pobre hombre tenía como un tormento y Lolita solo pensaba que tal vez Betty había presenciado muchos episodios como este. Pobre niña, que infancia habrá tenido

De repente, llegó Christina, de sorpresa y se encontró con esa escena, cosa que ya ella conocía puesto que había vivido con él en los Ángeles y les explicó que tenía problemas de personalidad, añadiendo a su adicción al alcohol. Gilberto, al ver a Christina se convirtió en un caballero con modales, y aseguraba que estaba jugando. Christina les explicó a sus hermanas que hacer en casos de emergencia y les suministró unos números telefónicos en caso de emergencia. Durante la estadía de Christina, la cual fue muy corta debido a sus obligaciones laborales en Venezuela, se fue más tranquila sabiendo que Gilberto no se atrevería a hacerles daño, sabía que estaba expuesto a cualquier situación legal.

De nuevo, como siempre, la familia tomando decisiones ignorando los deseos y la opinión de Lolita, se sentía ignorada, humillada. Belinda partió a Venezuela dejando a Lolita con Gilberto y su media hermana.

Gilberto no perdía el tiempo para humillar a Lolita y su cuerpo de niña y lo comparaba con el cuerpo de Betty, cuando salían a una reunión con sus compañeros de trabajo, en medio de todos les preguntaban "adivinen cuál de las dos tiene catorce años y cual tiene veintiuno" todos volteaban a mirar ambas chicas y nadie se atrevía a decir nada, para no ser imprudente, pero él seguía en tono burlón ¿Quién de ustedes pensaba que esta es ya una mujer de veintiún años?, es una tabla, al contrario de Betty, la silueta que tiene, es toda una señorita, no se ve desnutrida, es que no viene de Venezuela.

En una ocasión invitó a comer solamente a Lolita y la llevó a un restaurante, al entrar Lolita al lugar, vio unas mujeres bailando semi desnudas con movimientos sensuales y luego se sentaron a comer y en la mesa tipo bar estaba una mujer desnuda bailando moviéndose de manera extraña completamente desnuda pero como salía humo de la mesa su silueta no se veía con mucha claridad, Lolita para sorpresa de ella misma no tuvo miedo aunque si mucha vergüenza, Gilberto entonces le dijo: "Sabes cuanto puedes ganar bailando en un lugar como éste, Lolita pensó. ¿"Que diría Christina en mi lugar? y entonces le respondió, ¿Quién va a quererle dar un trabajo así a una niña de catorce años, sería ilegal, mejor trae a tu hija Betty que si tiene cuerpo para este trabajo?

Fueron cuatros meses que Lolita vivió con ellos, la inscribieron Houston Community College para que aprendiera gramática de inglés, allí conoció a un chico de Palestina, era guapo y divertido, se llamaban por teléfono para practicar lo poco o mucho que estaban aprendiendo,

Lolita estaba contenta de ver como ya podía unir palabras y hacer oraciones en inglés, pero de repente Gilberto cortó con toda comunicación con Lolita pues no accedía a bailar, A los días, Betty, siguió el ejemplo de su padre y no le hablaban por días, no compraba alimentos para la casa, salían a comer solamente ellos dejando a Lolita sola y confundida, ya no podía ir a la escuela, no tenía dinero y solo conocía a ese chico, pero no se atrevía a llamarlo

Lolita en verdad no le angustiaba que ellos no le hablaran, ella de todas maneras siempre había sido así, no hablaba con nadie y en cuanto a la comida ella seguía con poco apetito, solo vivía un día a la vez.

Lolita estaba sentada en la pequeña sala cuando alguien tocó la puerta, estaba sola porque Gilberto había ido a comer con su hija, cuando Lolita abrió la puerta recibió la más bellas de las sorpresas, era su amada madre, quien ella menos sospechara que llegara a su auxilio, Lolita que no era muy expresiva demostrando afectos, pero en ese momento se lanzó sobre su madre y la abrazó como si tuviera miedo de que se le escapara y la volvían a dejar sola y desamparada.

Los siguientes días la actitud de Gilberto y Betty cambió y ya eran cordiales con Lolita, pero ya Albina había comprado el boleto de regreso de su hija.

AMBICIÓN SIN LÍMITES

La ambición de Daniel crecía, ya no se conformaba con tener suficiente trabajo de construcción, y aunque lo ponían al frente de las obras de construcción de edificios, él quería y necesitaba hacer dinero más rápido, él había comenzado a trabajar a los nueve años , así que en su opinión sería justo que a partir de los treinta años ya no quería tener jefes, así que pensó que si empezaba vendiendo marihuana poco a poco sin que nadie se diera cuenta, él podría ahorrar y poder montarse su propio negocio, el soñaba con ser propietario de un restaurante, y en el centro o la entrada del mismo, a la vista de todos, colocar una parrilla gigante para asar carne al estilo gaucho, y si ponía unas mujeres bailando en bikini dentro de unas jaulas colgantes sería un boom, pero para eso necesitaría comenzar vendiendo pequeñas cantidades de marihuana.

La clientela de Daniel iba creciendo y necesitaba un mejor surtidor en otra ciudad, así que se inventaba pretextos para viajar, además que como tenía más entrada de dinero podía viajar más seguido a visitar a su familia y les llevaba muchos regalos, todos los esperaban con ansias, no tanto por los obsequios que él les llevaba sino para verlo y escuchar todas sus anécdotas, todos los amigos y familiares, los tíos que le pegaban ahora lo adoraban y él feliz de ser el centro de la atención.

En uno de sus viajes hacia Argentina, parada en Perú, su esposa Rosi le dio una advertencia, ya cansada de los viajes seguidos de su esposo y sus salidas constantes con sus amigos, le advirtió: Si sales por esa puerta, cuando regreses ya no me vas a encontrar. Daniel con mirada desafiante le trinó los dientes y con una expresión en su rostro le quiso decir; "a ver si te atreves'

Daniel con sus maletas en la mano se fue, pero al llegar a Perú llamó a su esposa quien no contestó. Daniel preocupado por la amenaza de su Rosi llamó a su hermano Kito y le pidió que de emergencia fuera a ver a su esposa, pero que se fuera a chequear ya mismo, el estaría esperando en el teléfono de monedas por su llamado. Ya se acercaba la hora para el próximo vuelo que lo llevaría Argentina, pero el aún no quería despegarse del teléfono público esperando que repicara, hasta que por fin repicó, la llamada era para él. Kito, su hermano solo le dijo "Hermano, te abandonaron".

Inmediatamente Daniel hace un cambio y en vez de ir Argentina tomó el vuelo de regreso a Houston, donde efectivamente comprobó que Rosi había cumplido su promesa, solo se había llevado sus pertenencias personales y la de los dos niños, vio un sobre donde estaba la carta de despedida y dándole a saber la nueva dirección para que visitara a sus hijos y que ya había comenzado el proceso de divorcio.

Daniel como loco fue a esa dirección que le había dejado Rosi, estaba en las afueras de Houston, en medio de la nada se encontraban dos casas removibles y tocando la puerta con la esperanza de convencer a Rosi que regresara con él, se encontró a su esposa en brazos de otro.

Después de una acalorada discusión que tuvieron, pues a Daniel le quedaba claro que ella ya se veía con él antes de amenazarlo, los dos lloraban, y sabían que ya era tarde para reparar lo irremediable.

El juez les dio la custodia compartida, los niños vivirían con su madre y pasarían un fin de semana con Daniel y el otro con Rosi, al igual que compartirían los días de vacaciones de verano y Navidad, Daniel no quería la lastima de sus amigos que aún seguían trabajando en construcciones y otros en taller de mecánica o de chef en restaurantes. Ya se murmuraba entre ellos que Daniel se las traía en algo raro, pero era su decisión.

Volver a vivir en su casa vacía sin sus hijos y sin su esposa, tomando y revisando viejos álbumes de fotografías de lo que en una ocasión había sido su familia, duró unas cuantas semanas solo en su casa pasando su fracaso matrimonial, pero de todas maneras nada ni nadie lo detendría a llegar a ser su propio jefe y no tener que darle cuentas a nadie.

Ahora sin su familia se sentía más libre para hacer "sus movidas" eso sí, se levantaba temprano con sus herramientas de construcción en su cintura y mal vestido, salía a dar vueltas para que el barrio se diera cuenta que su vida seguía igual.

Daniel seguía saliendo con sus amigos y participando en los asados y echando chistes, aunque en paralelo estaba conociendo nuevas amistades con distintos intereses y fue conociendo más personas del nuevo negocio, hasta que alguien le introdujo a un hombre que le aconsejó una manera de hacer dinero más rápido, vendiendo marihuana ganaba menos y además necesitaba comprar mucha cantidad, le tomaba más espacio y más difícil de esconder la mercancía, le hablo de vender cocaína, con tan solo unos poquitos gramos que vendiera en una sola vez era como si hubiera vendido mucha marihuana en toda una semana, Daniel lo estuvo pensando, "Si me van a poner algún día preso, que sea por algo grande, total, el riesgo es el mismo"

Así que se volvió a poner en contacto con el tipo y así se inició Daniel en el mundo de las drogas. Solo sería por unos cuantos años más, ya sabía ahorrar dinero y pronto podría montar su anhelado restaurante.

FALSA ILUSIÓN

Ya en Venezuela Lolita se sentía mucho más aliviada, la gente, esta vez, se olvidaron de lo tímida que era y comenzaron a hacerle preguntas sobre cómo era Los Estados Unidos, y como había regresado con unos kilos de más, los pantalones ya se le veían un poco apretados. Lolita estaba feliz de haber regresado, no sabía si le darían su trabajo de regreso, pues había pasado varios meses, sino, tal vez en otro lado, pero ni sabia como aplicar o que puertas tocar, lo importante es que su pesadilla había quedado atrás.

Belinda decidió regresar a Estados Unidos, estaba teniendo problemas con el papá de su hijo y en Venezuela no creía que tuviera muchas oportunidades, se había dedicado a cuidar de sus hermanos más pequeños desde que era apenas una niña, Estados Unidos no le pertenecía a Gilberto Sánchez, además su hijo había nacido en Los Ángeles California y ella se sentía con suficiente valor para ir a luchar por su hijo sola.

Albina que ganaba lo mínimo ya estaba ya endeudada con los boletos de ella y Lolita que había comprado hacia dos semanas, se endeudó aún más con los boletos de Belinda y Dennet.

Belinda con su niño se fueron a Houston y rentaron un pequeño apartamento de un solo dormitorio, sin un solo mueble ni artefactos de cocinas, dormían en el suelo los dos solitos y se arropaban con el resto de su ropa, Belinda no sabía que hacer, y le daba vuelta al asunto, no quería molestar a su padre quien ya bastante daño les había causado a todas; aún tenía el sabor amargo cuando se dio cuenta que estaba embarazada de su novio Ender, había sido su novio desde los once años de edad y el trece, a escondidas de Albina, cuando Albina se dió cuenta le dio tremenda paliza a Belinda creyendo que eso sería suficiente para que Belinda agarrara escarmiento y terminara con esa relación, estaba muy joven, apenas una niña como para tener novios, después de esa paliza le siguieron varias más y todo en vano, Albina término ya cansada de pelear por aceptar el noviazgo cuando ya Belinda tenía sus dieciocho años, aunque no con muy buen agrado, al enterarse Belinda que estaba esperando un hijo no quiso contárselo a su madre ni a nadie, tenía mucho miedo y vergüenza, así que llamó a su padre diciéndole que ella quería estudiar y que la ayudara a ir donde él estaba que, era en aquel entonces. Los Ángeles California. Al pasar los meses Gilberto se dio cuenta de su embarazo y llamó con un escándalo para darle la noticia a Albina, quien quedó en shock,

Albina pasaba horas debajo de algún árbol llorando, sintiendo una mezcla de sentimientos, creía que había fracasado como madre, que tal vez había descuidado y abusado de su primera hija quien solo había pasado toda su niñez cuidando de sus hermanitos y de ama de casa desde muy temprana edad, y estaba enojada con Belinda, con Ender, con Gilberto y con ella misma. Otra mujer que tenía Gilberto le tendió la mano a Belinda quien tuvo a su primer hijo lejos de su familia, incluyendo el padre de su hijo. Belinda regresó a Venezuela con su bebé en brazos y al verla Albina le pregunto: señalando al niño ¿Ese es tu diploma?" Belinda que se le veía en el rostro todo lo que había sufrido solo se quedó en silencio y Albina tomando a su primer nieto entre sus brazos se enamoró de esa hermosa criatura al igual que el resto de la familia.

Ahora se encontraba sola en un apartamento viviendo en condiciones miseras, pero con esperanzas, ella sabía que de algún modo ella saldría adelante, a eso le ensenó su madre, a tomar autobuses sola desde la edad de siete años, a pelear por precios, hacer una comida deliciosa con pocos ingredientes, a preguntar y a ponerse al tanto de cuáles eran las oportunidades que existían para asirse de las que más le convinieran en ese momento.

Bienvenida le partió el alma la situación de Belinda y decidió en ir a visitarla junto a Nathalie tan solo una semana después de haberse ido Belinda, No era mucho lo que Bienvenida podía hacer, solo aconsejarla y comprarle un colchón tamaño individual y un juego de ollas para que pudiera preparar alimentos. Le hizo una pequeña compra en un supermercado, pero debía que regresarse con premura porque Nathalie no podía faltar muchos días a la escuela.

Muchas personas de la iglesia que conocían a Lolita, pero que nunca se atrevían acercarse por su manera de ser y al haberse dado cuenta que Lolita se había ido a Estados Unidos empezaban a visitarla con frecuencia e invitarla a dar paseos o a comer en algún restaurant, Lolita le daba pena negar la invitación, pero después, durante la comida solo respondía lo que le preguntaban, bajando a la mirada. Una ida a Estados Unidos no había cambiado la forma extraña de actuar lolita, seguía distraída y la melancolía que sentía al extrañar tanto a su amigo del alma le absorbían los pensamientos.

Dos semanas más tarde, al mes exacto de haber regresado le dieron la noticia: se regresaría a Houston con dos de sus hermanos menores: Petronila y Porfirio. Lolita sintió pavor ante esa idea, en silencio suplicaba con su mirada que no le hicieran eso otra vez, ella no quería irse, aunque le ilusionaba volver a ver a su amigo Palestino que la hacía reír a tratar los dos de comunicarse con el inglés tan torpe que apenas sabían.

Ya sus hermanos menores tenían pasaporte y visa y aunque ellos eran menores que ella, estaban enterados de los planes de la familia, Lolita se enojó y solo lo demostró con una mirada de rabia e indignación, ya estaba cansándose de que la ignoraran y que fuera ella la última en enterarse en los planes que otros habían hecho incluyéndola a ella. Albina notó su enojo y le dijo: "No es culpa de nosotros de que tú estés siempre en otro mundo, nunca estuve de acuerdo de cómo te criaron, pareces una inútil, no sabes hacer nada y nunca te enteras de nada, es tiempo de que tu misma abras los ojos y despiertes a la realidad"

El viaje era al día siguiente y Lolita apenas tenía tiempo de hacer sus maletas y con su mente en blanco, no sabía a qué iba, además que ella no sabía desenvolverse en los aeropuertos y ella viajaba esta vez con sus hermanos menores, más vivos y astutos que ella, pero que nunca habían viajado.

Al día siguiente, la casa era todo un alboroto, por el asunto del viaje, ya estaban todos en el automóvil y las maletas también solo faltaba Lolita que caminaba lentamente. La madre la detuvo en la sala y le dijo: "En este viaje tú eres la mayor, acuérdate de los procedimientos del aeropuerto y de inmigración, ayuda a tus hermanos que son menores que tú. De pronto se escuchó un grito del amigo de la familia que los llevaría al aeropuerto: ¡apúrate, que pueden perder el vuelo!, Lolita se llenó de valentía al escuchar las palabras de su madre, aunque no sentía seguridad en sí misma.

Christina que no podía ir hasta al aeropuerto pues siempre estaba ocupada por asuntos de trabajo, miró a Lolita de arriba abajo para ver si se había vestido adecuadamente y le notó que su cartera estaba en malas condiciones y pasada de moda y le grito: ¡Espera! y buscando rápidamente uno de sus bolsos vertió el contenido de la cartera de Lolita en su bolso más moderno y le dijo que así se veía mejor, Lolita le sonrió, pero no tenía más tiempo que perder.

Lolita se apresuró para montarse al carro cuando la mirada de alguien le quemaba la espalda, se volteó y vio en la mecedora, debajo del árbol, la mirada fija en ella de su abuelita, que no pronunció palabra alguna, solo se le veía una mirada muy triste, Lolita corrió hacia ella y la abrazó fuertemente y cuando ya se despegó de ella para irse, sintió que su abuela débilmente halo su brazo y se miraron a los ojos, Lolita leyó su mirada: Sabía que no la volvería a ver nunca más.

TODO LE VA BIEN A DANIEL

D aniel seguía reuniendo dinero, tenía en claro cuál era su propósito, pero sus nuevas amistades tenían autos deportivos y nuevos, así que decidió comprarse uno él total, sabía que pronto recuperaría el dinero, no eran tan costosos como los de sus amigos, pero tampoco se quedaba muy atrás, adquirió un Fire Arrow 1980, pero cuando iba a visitar a sus viejas amistades ya sabían que estaba en malos pasos y le decían: Atorrante de miércoles, tené cuidado, la calle es peligrosa...

No se preocupen, yo crecí en la calle, además aun trabajo en la construcción, si quieren les muestro mi equipo de construcción en el auto. Sus amigos pensaban que el despecho de su divorcio aún no lo había superado y lo hacía actuar de esa manera.

Los fines de semana que le tocaban a Daniel sus hijos prefería llevarlos a casa de uno de los matrimonios amigos que el aún conservaba, no le tenía confianza a cualquiera, sus hijos eran muy importante para él, los llevaba al cine, o montar pony, les compraba juguetes, pero si tenía alguna "movida" se los llevaba algún conocido que los cuidara y les pagaba muy bien.

Daniel ya se estaba cansando de estar de mandadero, le pagaban bien por trasladar la mercancía de un lado a otro, estaba listo para escalar un nivel más alto. Encontró su propia clientela que consumía este nuevo producto y quien lo podría surtir, alguien que vivía en Miami. Además, ya tenía suficiente dinero para comprar la mercancía en efectivo, no necesitaría nada a crédito, y no se lo darían, pues apenas era su inicio haciéndolo por sí solo, así que sin pensarlo mucho hizo arreglos por teléfono con su nuevo contacto y en ese mismo día ya estaba en un avión rumbo a Miami.

ADIÓS ABUELITA

Lolita con un dolor en su pecho, ya no le aterraba el viaje, había algo mucho más importante que ocupaba su mente, su abuelita, cerraba los ojos y parecía mirarle sus ojos grises ya apagados, sin luz y su boca muda, ni una palabra había pronunciado.

Llegaron al aeropuerto y gracias le dio Lolita a Dios que su madre se encargó de todo en el aeropuerto de la chinita en Maracaibo.

El avión tenía escala en Miami, los hermanos estaban haciendo una fila para pasar por inmigración, Lolita después de terminar de mostrar sus papeles creyendo que ya había terminado con su procedimiento y tendría que esperar por el turno de sus hermanos, una mujer la tomó por el brazo y se la llevó a una oficina, la mujer uniformada como agente de oficina legal, le hablaba amablemente, pero Lolita se confundió. Ella no se acordaba que en su viaje anterior esto sucediera y por primera vez sintió preocupación por alguien más, sus hermanos. Ella era responsable por ellos, su madre se lo había dicho bien claro, la agente la invitó a sentarse en una silla frente a un escritorio y de un solo halón le arrebato su bolso y vació todo su contenido en el escritorio. Lolita quedó sorprendida de como una señora con tan buenos modales y voz dulce podría hacer algo tan grotesco. La mujer comenzó a interrogar a Lolita,

- ¿De qué nacionalidad eres?
-venezolana
- ¿Sabes inglés?"
-No mucho

La agente tomando una carta romántica que Lolita había escrito en sus clases de inglés porque le había gustado mucho y ella podía entender con ayuda de su compañero de estudio entendido.

- ¿Y esta carta? ¿Te la escribió tu novio?

-No tengo novio, solamente me gustó

- ¿O sea que si sabes inglés?

-Muy poco

-Aquí veo dos pasaportes, uno apareces como venezolana y en otro como americana, -Explícame.

Lolita miró con asombro el pasaporte de Christina que accidentalmente había dejado en su bolso y respondió con toda honestidad:

-Ese pasaporte americano es de mi hermana, se llama Christina, me prestó su bolso y no nos dimos cuenta de que su pasaporte estaba en el bolso

-No le creo, usted es americana y se fue a Venezuela con sus amigos con pasaporte falso venezolano

-No señora, yo soy venezolana, mi hermana es americana

- ¿Y esos que te están esperando afuera quiénes son?

Lolita voltio su cara y vio en una banca fuera de la oficina a sus hermanos asustados.

-No son amigos, son mis hermanos

- ¿Porque tienen diferentes apellidos?"

-Porque somos de diferentes padres, pero si se fija en nuestro segundo apellido se dará cuenta que es el mismo.

Lolita ya se estaba impacientando mucho, quería salir corriendo, sabía que ese aeropuerto no era como el de Maracaibo, ese era inmenso, ella no sabía hacia donde caminar para tomar el segundo vuelo que los llevaría a Houston y ya se estaba haciendo tarde.

La mujer observó a Lolita por un tiempo y tomando todas las pertenencias de Lolita las volvió a colocar en su bolso y le dijo: "No me engañaste, eres americana y solo querías pasear con tus amigos a Venezuela, no vuelvas hacer eso, nosotros los americanos no necesitamos siquiera visa para ir, ahora apresúrate que vas a perder el vuelo y le dijo que al salir de la oficina tomara a la derecha.

-Gracias, respondió Lolita.

Saliendo de la oficina y mirando a sus hermanos les dijo, "Corramos, sino perderemos el próximo vuelo"

Corrieron y Lolita mirando hacia todos lados, se sintió mareada al ver tanta gente y tantos avisos, a ella le daba pánico estar rodeada entre tanta gente, por fin pudo ver un letrero que decía: Houston.

Había dos filas de personas donde decía Houston, Lolita no sabía cuál era la que debería tomar, así que respirando profundo y con angustia se le acercó a un hombre en la fila y le dijo:

-Disculpe señor, ¿habla usted español?

-No, hablo alemán, con la pinta de indígena que tengo, claro que hablo español.

A Lolita no le pareció nada gracioso su chiste, pero le preguntó

- ¿Cuál de las dos filas van a Houston?" y le mostró su boleto para estar aún más segura que estaba en el lugar correcto.

-Cualquiera de las dos filas, yo también voy para Houston, ¿de dónde son?

- ¿De Venezuela y usted?

-De Argentina, mucho gusto, me llamo Daniel, ¿Y vos como te llamas?

-Lolita.

Finalmente comenzaron a abordar el avión, dos cosas estaban en la mente de lolita, la cara de su abuela y algún americano misionero para casarse e irse por el mundo a llevar el evangelio de Dios a todos los rincones de la tierra.

Lolita vio que con toda naturalidad sus hermanos menores fueron al baño y ella se había estado aguantando, pues hasta eso le daba pena, pero peor era si se mojaba los pantalones, así que se levantó para ir al baño que quedaba en la parte de atrás del avión, después de usar el baño, camino de regreso a su asiento, el argentino la detuvo y le preguntó:

- ¿Qué vienes hacer a Houston?

-De visita

-Yo te puedo mostrar la ciudad, hay muchos lugares interesantes que ver

Lolita se puso nerviosa, y le dijo que después hablarían.

Llegando al aeropuerto de Houston allí seguía el argentino detrás de Lolita insistiéndole.

- ¿Quién te viene a recoger?

-Mi hermana

-Yo tengo mi auto aquí afuera estacionado y puedo llevarlos

-Gracias, pero mi hermana nos viene a recoger

Siguiendo a las demás personas para saber dónde tendrían que recoger sus maletas, el argentino los seguía, Lolita miraba por todos lados buscando a Belinda, pero no la veía, y les pedía a sus hermanos que hicieran lo mismo.

Todos los pasajeros ya habían tomado sus maletas y Lolita veía como las de ellos aún daban vueltas y ella no se atrevía a recogerlas. los hermanos la miraban sin entender, el argentino le dijo; No veo que alguien esté aquí, para llevarlos, yo insisto, para mí no es ninguna molestia, yo los puedo llevar.

Nuestras maletas no aparecen, mintió Lolita.

Que hago yo aquí esperando por estos hermanos, si no encuentran su equipaje no es asunto mío, yo con mis botas llenas de "mercancía" y esperando por estos pelotudos" pensó Daniel.

-Bueno, yo tengo que irme, si no consiguen quien los lleve a su casa solamente llámenme a este número y entregando a Lolita le dio' su nombre y su número de teléfono.

Cuando Lolita vio que por fin ese desconocido se había ido recogió su equipaje y lo mismo hicieron sus hermanos. Buscaron un teléfono público y Lolita hizo una llamada a cobrar a Belinda, quien aún estaba en su apartamento, algo que le pareció a Lolita un poco desconsiderado.

Al llegar al apartamento sin muebles y que ya había comenzado a hacer frio, se arropaban con la ropa que aún seguía en la maleta, pues no había suficiente espacio en el pequeño closet para las prendas de vestir de los cinco ocupantes del pequeño apartamento.

LA ASTUCIA DE BELINDA

Albina había puesto en una de las maletas harina pan para hacer arepas, y era lo único que tenían para comer, Belinda ya llevaba todo el mes pensando en que trabajar, pero tenía que cuidar a su hijo de apenas dos años.

Encerrados en el apartamento sin saber para donde agarrar, se miraban unos a los otros, Belinda ya había aplicado para recibir unas estampillas para comida porque era elegible para recibir ayuda por Dennet que era nacido en USA. Solo estaba esperando que le llegaran por correo,

Belinda les dio a saber lo preocupante de la situación que estaba atravesando a sus hermanos, aquí si no pagamos la mensualidad de la renta del apartamento tendremos que desalojar y no tendríamos un lugar donde vivir, yo conseguí una casa para limpiar, pero una vez por semana, voy a tener que llamar a papá, tal vez en algo pueda ayudarnos. Fanny le preguntó a Lolita: ¿Porque no llamas a tu amigo del aeropuerto?, él te dio el número de teléfono, Lolita se sintió incomoda ante la sugerencia de su hermana menor y Belinda mirando a Lolita con curiosidad y asombro le pregunto'. ¿Qué amigo?"

Un argentino, pero yo no lo quiero llamar, es muy fastidioso

¿Estás loca? Dame el número que yo si lo llamo

Lolita, sin muchas ganas le entregó el numero a Belinda, quien inmediatamente sin perder el tiempo, pues era lo que menos había, tendrían que hacer un movimiento rápido, Belinda si estaba consciente en la urgencia de hacer algo.

Lolita escuchó a su hermana hablar con el argentino haciéndose pasar por ella, después de echarle un chiste argentino Daniel impaciente por el chiste estúpido preguntó:

- ¿Quién es?

-Soy Lolita, la chica que conociste en el aeropuerto

-Oh, pensé que ya no sabría más de vos. cómo estás?

-No muy bien, no tenemos trabajo y necesitamos de tu ayuda

-Bueno, casualmente este fin de semana estoy necesitando que alguien venga a mi casa a cuidar a mis hijos, eso sí, aquí en mi casa, sería el sábado por la noche hasta el mediodía del domingo, te pagaría el triple de lo que pagan por ese trabajo.

-Bueno, te tengo que confesar que yo no soy Lolita, soy su hermana mayor y tengo un niño de dos años, quien iría a cuidar tus hijos soy yo, no Lolita.

-No importa, lo que me impera es que me cuiden bien a los niños y podés traer a tu hijo si así lo deseas.

Belinda se alegró pues pensó que con eso ya completaría para pagar la próxima renta.

Como habían acordado, Daniel, pasó a recoger a Belinda, pero no subió al apartamento, sino que la esperó en el estacionamiento, sus hijos ya estaban con él y no quería incomodarlos.

Al llegar al apartamento de Daniel, era un lugar pequeño que quedaba en un segundo piso con una pequeña terraza en frente del apartamento, estaba amoblado con mobiliarios llamativos color vino, tenía un televisor de gran tamaño que giraba, y un pequeño bar, un pequeño juego de comedor para cuatro personas, no necesitaba más, era suficiente para un hombre soltero, Belinda se comunicó con sus hermanos para dejarles a saber que estaba viva y que el hombre a quien tanto le tenía miedo Lolita tenía dos hijos encantadores. Lolita le preguntó con curiosidad por su esposa, pues la había invitado a dar un paseo por Houston estando casado y Belinda le respondió "No, está divorciado"

Al pasar tres días por fin Gilberto se comunicó con Belinda y le dijo que la única ayuda que podría ofrecerle era recogerlos y llevarlos a una iglesia de gente rica, ellos suelen ayudar y cuando ya terminado el servicio yo los recojo, solamente las primeras semanas, ya después ustedes verán cómo se las arreglan para ir.

El Domingo Gilberto los llevó a la iglesia, Belinda prefirió no ir, la iglesia era lujosa y todos eran anglosajones, con muy buenos modales, le dieron una cordial bienvenida a los hermanos. Les dieron el folleto que indicaba cual era el programa y al final anunciaba que tendrían de almuerzo, los tres hermanos se quedaron mirando y se dijeron. "Comida!" se habían estado alimentando todos los días con arepas, escucharon un sermón que no entendieron, pues era en inglés, Lolita sabia un poco de ingles gracias a las clases que había tomado y podía entender, aunque no lo que decía el Pastor, pero si los saludos de las personas. El almuerzo estaba exquisito, era buffet y podían repetir las veces que quisieran.

En el correo se encontraba lo que tanto esperaban, las estampillas para la comida gratuita que ofrecía el gobierno para los ciudadanos de bajos recursos, no era mucho, pues estaba ser supuesto solo para Dennet, pero alargando las estampillas podría alcanzar para todos, de eso ya Belinda tenía bastante experiencia. De mucho le sirvió su experiencia como ama de casa desde su infancia.

Lolita se acordaba de vez en cuando de su amigo Palestino, pero no se acordaba de su número de teléfono, cuando de repente se acordó que estaba escrito en el poema que estaba en su bolso y así se lo comunicó a Belinda, quien le dijo: No pierdas tu tiempo y llámalo, tal vez nos ayude a conseguir un empleo.

Zamel se alegró mucho de volver a escuchar la voz de su excompañera de estudio, se alegró que estuviera de vuelta y le manifestó que ya tenía su propio automóvil y la invitó a comer en un restaurante de comida de su país. Lolita estaba realmente feliz de volver a verlo, quedaron en volver a dar una vuelta para mostrarle un parque muy hermoso que había conocido y sabía que a ella le gustaría, ya sabía que Lolita vivía enamorada de la naturaleza.

Daniel llamó a Belinda para saber si podía visitar. Belinda le advirtió que tendría que sentarse en el suelo, pues no tenían muebles. Daniel le dijo que no se preocupara, él se acordaba perfectamente de sus comienzos en USA. A lo que tocó la puerta Daniel, Lolita corrió a esconderse dentro del closet, Daniel había llevado un juego de cartas para jugar con ellos. Miró el apartamento detenidamente y vio que lo único que tenían era un pequeño radio en un rincón de la pequeña sala. Mientras todos se entretenían charlando y jugando a las cartas, Lolita permanecía encerrada en el closet esperando que ese hombre que le caía pesado se fuera, él preguntaba por ella de vez en cuando disimuladamente y Belinda iba al closet a buscar a Lolita quien renuente no salió del closet hasta que Daniel por fin se fue.

Belinda le dijo a Lolita que le daba la impresión de que el argentino tenía interés en ella, No, dijo Lolita, tratando de recordar su rostro, es muy feo y pedante.

Llegó el siguiente Domingo, esta vez fueron a la iglesia con mucho más interés que la primera vez, nuevamente los rodeaban con mucho cariño, especialmente una mujer que se veía muy elegante y fina, quien llamó a su hijo para presentárselo a Lolita, era un joven que era como de la misma edad de Lolita, luego los hermanos se apresuraron a mirar el menú, nuevamente estaba delicioso.

Durante la semana siguiente, Gilberto le ofreció dinero a Lolita si se quedaba con su media hermana Beatriz mientras él pasaba la noche fuera. Mientras Lolita estaba cuidando a Betty llegó Zamel entusiasmado para darle la buena noticia a Lolita que le había conseguido trabajo en un restaurante y que no pedían permiso de trabajo, Belinda lo recibió, ya lo había visto antes, cuando Lolita había salido a comer con él y cuando él le contó las buenas nuevas, Belinda inmediatamente le dijo: Lo siento, Lolita no está pero está mi otra hermana , Petronila, ella puede ir ahora mismo, lo cual Zamel aceptó, él quería ayudar a Lolita y a cualquiera que ayudara de su familia es como si la estuviera ayudando a ella.

Lolita se dio cuenta al día siguiente y no le pareció honesto lo que había hecho su hermana, aunque ella sabía que aún le era difícil comunicarse con el público y le aturdía ver mucha gente, Petronila lo haría mejor que ella, con seguridad.

Volvió Daniel con su juego de cartas, después de un buen rato en el closet Lolita decidió salir de su encierro y ver como Daniel hacia magia con las cartas mientras todos trataban de averiguar donde se encontraba el truco.

Daniel les ofreció a los hermanos otro tipo de ayuda, el conocía una persona que, con treinta o cuarenta dólares les dejaría llenar el carrito de supermercado, eso sí, seria después de medianoche y Lolita tendría que acompañarlo. Todos se llenaron de alivio, poco a poco, las cosas iban mejorando, en el camino Lolita mantuvo el silencio, Daniel la observaba y no sabía descifrarla. Al llegar al supermercado él le dijo agarra el carrito y llénalo hasta arriba de todo lo que necesiten, Después de tener el carrito lleno de todo lo que a ella se le ocurría que podrían necesitar y con una ayuda de una lista escrito a mano por Belinda, llegó la hora de pagar, Daniel le quitó el carrito y se fue hacia la cajera, él le pagó con un billete de veinte dólares y Lolita no sabía cómo lo había logrado. será una amiga?, bueno tampoco le interesaba saberlo, lo que quería era irse ya y llevarles el mercado a sus hermanos.

Daniel los visitaba cada vez más seguido y se hizo amigo de ellos, aún le daba el trabajo a Belinda de cuidar a sus hijos por el fin de semana, y los demás seguían asistiendo a la iglesia, al recibir el programa iban al baño disimuladamente para ver que darían de comer, pero ese día no había almuerzo, que decepción! Al instante, junto con la desilusión de la falta del menú para ese día vino un verso Bíblico a la mente de Lolita: "Me buscáis por los panes y por los peces"

Lolita sintió vergüenza y dolor. Ese día, al terminar el servicio, como siempre la gente les hacían preguntas, Lolita era la que más interesada se mostraba, amaba a Dios aunque lo sintiera ausente, el chico que le habían presentado se acercó a Lolita junto a su madre para invitarla al Astrodome, un estadio donde hacían diferentes eventos y él le mostro dos entradas que había comprado para llevarla el próximo sábado, Lolita lo miró sin saber que contestar, solo lo había visto una vez, pero su madre estaba al lado de él esperando ansiosa que Lolita asintiera, lo cual ella hizo.

El lunes por fin lolita volvió a ver a Zamel, era tan ameno y simpático que ella disfrutaba su compañía, él le decía que le gustaba como era lolita porque les recordaba a las mujeres de su tierra, recatada, sencilla, y tímida. Mientras él le mostraba el parque Herman disfrutaba ver la cara de Lolita como se le iluminaban los ojos ante la bella naturaleza, era tiempo para él sincerarse y que lo conociera más, se había casado con una chica americana más o menos de su edad, la muchacha estaba locamente enamorada de él, pero solo él, quería obtener la residencia, después de casarse se fueron a vivir en otra ciudad donde él tenía familiares que lo apoyaban, la muchacha ciegamente lo seguía, no pasaron ni cuatro meses después de haberse casado cuando obtuvo la residencia y luego inmediatamente le pidió el divorcio.

Lolita escuchaba su historia asombrada esperando ver en su rostro algo de arrepentimiento, la muchacha le lloró, le suplicó, pero no hubo manera de convencerlo, pues él ya había obtenido lo que él quería, Lolita le preguntó: ¿Pero no la quisiste nunca?

¡No! muy gorda, ni loco me quedaba casado con una mujer así.

Luego le contó que consiguió una muchacha con la que se hizo novio, ella era madre soltera de una niña, pero la pequeña era muy chillona y me harté de ella, en verdad nunca he tomado en serio a ninguna muchacha, la única que me interesa eres tú. Lolita se imaginaba a su joven esposa dejando a toda su familia e irse a otro estado por amor a él, y él nunca la quiso. Zamel contemplaba a Lolita con adoración mientras le decía lo especial y diferente que ella era de las demás mujeres, mientras Lolita pensaba lo sinvergüenza que él era.

Daniel había preparado un asado en su apartamento donde había invitado a Belinda y a todo el resto de su familia, a Kito y dos amigos más, el asado seria como a las cinco de la tarde y luego estaba invitado a una de las penas argentinas donde pensaba llevar a Lolita y a sus hijos. Pasó temprano por Lolita y la llevó a un centro comercial y le dijo lo de la pena, pero que tenían que ir vestidos de vaqueros, así que fue y le compró a Lolita un blue jean que le quedara apretado, pues toda la ropa que Lolita usaba era anticuada y le quedaba grande, le compró un sweater, chaqueta de cuero y un par de botas, y le dijo, ahora si pareces una vaquera. Cuando llegaron al apartamento ya estaba lleno de los invitados incluyendo los hijos de Daniel, mientras todos compartían en la sala, Lolita se fue a la terraza para disimular que quería estar junto al fuego para calentarse las manos, terminado el asado, Daniel les dijo a sus invitados que quedaban en su casa, mientras él se iba con lolita y sus hijos a la pena donde nadie podía disimular al ver a Daniel acompañado de Lolita, Lolita sentía que se asfixiaba con tanta gente, y ella ya se había dado cuenta que ella era el centro de la atención de todos, quienes le gritaban a Daniel " Che, pedile identificación, podes ir preso por andar con una menor de edad, uno de ellos medio ya tomado se le acercó a Daniel y le dijo: En serio, hermano, te pasaste, sabemos que sos un atorrante, pero salir con una niña que no tiene más de catorce años no te conviene" , No hubo manera de convencer a sus amigos que lolita ya era mayor de edad, Danito, su hijo mayor, miraba a Lolita deleitado y le hizo una señal a su padre que esta chica si le gustaba, no las otras con las que lo había visto antes. Daniel estaba supuesto a devolver a sus hijos temprano, pero esta vez le había pedido permiso a Rosi para llegar a las nueve, así que no tuvieron mucho tiempo en la reunión de amigos argentinos, Rosi vivía en las afueras, el bajó con los niños mientras Lolita se quedó en el carro, Rosi salió a recibir a sus hijos no sin antes darse cuenta de que una chica estaba en el auto.

Daniel había puesto su casa a la renta, pero necesitaba dejarla limpia para los inquilinos, así que le ofreció a Belinda y a sus hermanos ayudarlo con la limpieza de la casa, además de pagarles bien, se quedarían con los muebles.

Para limpiar la casa y traer los muebles les haría falta más de un día, así que como Lolita era la más débil y la que no estaba acostumbrada a trabajos forzosos se quedó cuidando a Dennet, su sobrino mientras los demás se iban a limpiar lo que una vez fuera el hogar de Daniel y Rosi.

Al día siguiente si fue lolita ayudar, y Belinda estaba más enfocada en las cosas que se llevaría al apartamento, allí apareció Rosi para ver si aún le quedaban cosas allí, pero miró a Lolita de arriba hacia abajo y esto incomodó mucho a Lolita y Daniel se dio cuenta quien de buenas maneras le pidió a quien había sido su esposa que la casa llevaba desocupada por ya casi un año y ella no se había aparecido a recoger nada, que por favor dejara a las personas encargadas de hacer la limpieza tranquilas para que terminaran rápido su trabajo. A pesar de que no había más que una amistad entre ellos a Lolita no le gustó que la tratara delante de su exesposa como una empleada de limpieza, aunque en realidad eso era.

Lolita, sigue mimada por otros

Belinda quien era la más astuta de todas buscó un contrato de limpieza para un lujoso country club, fueron todos y los atendió una mujer delgada, muy bien vestida, ya como de edad mediana, muy bien arreglada, su porte era de una mujer de negocios, se veía de clase y los atendió con mucha educación a pesar de que el trabajo que estaban pidiendo era para limpieza, la señora los mira a cada uno de ellos, y después de pensarlo le dijo:" Yo les doy hoy mismo el contrato con una condición:

-La que usted diga, replicó Belinda

-Que esa niña no trabaje, todos ustedes pueden trabajar menos ella, señalando a Lolita.

- ¿Pero por qué? Ella tiene veintiún años y Petronila menos edad y el varón tiene dieciséis"-

-No es por la edad, no quiero que ella limpie.

-Está bien, acepto,

dijo Belinda.

Camino a la casa Belinda venia quejándose de la buena suerte de Lolita, pero entonces tú cuidas a Dennet mientras nosotros limpiamos. Qué bello ese lugar comentaban todos.

Lolita había sido protegida desde que nació por muchas personas, pero ahora no le gustaba sentirse tan inútil.

Lolita se sentía incómoda viviendo con sus hermanas que siempre le hacían indirectas de que ella era la que menos trabajaba, se cree princesa, Lolita pensaba, que el trabajo de Petronila en el restaurante era para ella, pero se lo dieron a su hermana menor, la comida que conseguían en el supermercado casi gratis era por ella, Lolita simplemente quería irse y volver a su vida, aun podía vivir con su tía, su abuelita, su mamá o su hermana Christina.

Daniel llamaba más seguido por teléfono y cuando contestaban los hermanos de Lolita le decían: Es Para ti, el argentino, Lolita a veces hablaba con él, pero otras veces se negaba hablar con él, pero Daniel dejó pasar tres días sin llamar y Lolita comenzó a extrañar sus llamadas y ahora ella estaba al pendiente de que sonara, pero nada, Lolita ya se cansó de la espera y dudándolo mucho por fin lo llamó

- ¿Aló?

Solo silencio,

- ¿Aló?

Seguía el silencio,

-Ok, ¿te comieron la lengua los ratones?

Lolita sintió vergüenza su propio comportamiento y ya iba a colgar, cuando el continuó hablando:

-Déjame ver si adivino quien es, escucho una radio prendida que está situada en un rincón de la sala y me están hablando desde la cocina donde está el teléfono exactamente en la pared, de lado y justo en ese momento se escuchó la voz de otro hombre tarareando "Daniel está enamorado.

Lolita colgó el teléfono y no sabía con qué cara lo enfrentaría la próxima vez que se vieran.

Horas más tarde Daniel se apareció en el apartamento de Belinda e invitó a Lolita a cenar, pidiendo disculpas por un viaje relámpago que tuvo que hacer a Miami.

En el restaurante, donde el dueño era un amigo argentino, todos seguían apoyándose, los carros lo arreglaban donde tenía un pequeño taller de mecánica uno del grupo, cuando le dieron la carta del menú a Lolita, lo miró con indiferencia, seguía sin apetito, y ninguna comida le provocaba. Daniel pidió un plato de milanesa a la napolitana con ensalada e ignorando a Lolita conversaba con todos y bromeaban entre ellos, Lolita no tenía hambre, pero se sintió rara, era la primera vez que no le rogaban que comiera algo. Pensó: Que otra cosa se puede esperar de un hombre tan ordinario. Daniel luego le prestó un poco de atención a Lolita y le comentaba su historia, lo mucho que amaba a sus hijos y lo duro que fue para él su matrimonio, ya Lolita lo había visto anteriormente cuanta atención les prestaba a sus hijos, los cuidaba como si fueran su mayor tesoro, eso la conmovió. Después de varias salidas llegó el momento de la tradicional declaración de amor:

"Che, yo no soy un hombre de rodeos, así que vamos a hablar claro, vos a mí me gustas bastante y quisiera que fueras mi novia, eso sí, a mí no me vas a venir con el cuentito de ustedes las mujeres que quieren que les dé días para pensarlo, a mí me decís la neta ahora mismo, si decidís que no, a mí no me volvés a ver la cara más". Lolita además de leer la Biblia le gustaba leer cuentos infantiles y novelas románticas, ella sonaba con una declaración de amor en una cena romántica con velas encendidas y un hermoso arreglo florar en el centro con palabras dulces y hasta poéticas y este patán le declara su amor así no más, sentados en el auto en el estacionamiento de los apartamentos donde vivía Lolita. La advertencia de Daniel de si ella daba una negativa, no volvería a verlo más la inundó de temor, pues ya él estaba constantemente en la mente de Lolita, aunque no aún muy arraigado en su corazón, hubo un silencio entre ellos, el esperaba ansioso su repuesta y Lolita se sentía acorralada entre la espada y la pared, por fin Lolita rompió el silencio con una voz bajita y temblorosa con un "si".

Daniel se le acercó y la abrazó y dándole un pequeño beso en los labios la caminó hasta la puerta del apartamento. Él era un atorrante, pero esta chica toda temblorosa lo confundió y no quiso presionarla más de lo que ya lo había hecho.

Los hermanos aún estaban despiertos cuando entró Lolita silenciosamente, Lolita no se atrevía a confesarles a sus hermanos lo ocurrido, después de haber ella mismo repetido varias veces cuando hablaba de él se refería como un palurdo grosero, basto y además de facciones no agradables.

Esa noche Lolita no durmió bien, estaba preocupada, no estaba segura de que había tomado la mejor decisión, pero al ver como cuidaba y amaba a sus hijos la tranquilizó, por lo menos era un buen padre y Lolita lo tomaba como una buena referencia. Si llegara a ser el padre de mis hijos, ellos no sufrirían la ausencia de un papá como como la sufrí yo, se repetía internamente.

Daniel si durmió bien, aunque al principio le costó conciliar el sueño, tarde o temprano Lolita sabría que él era un atorrante, sinvergüenza y no quería engañarla, si ella lo amaba tendría que aceptarlo tal como él era.

Pronto Belinda consiguió otro apartamento mejor situado que le quedaba más cerca del trabajo de Petronila, quien a veces trabajaba hasta tarde el restaurante.

Belinda decidió abrir una guardería para cuidar niños en el mismo apartamento y así poder ella misma cuidar a su hijo Dennet.

Luego de un par de semanas siendo novios Daniel le dijo a Lolita: Sé que soñabas casarte con un pastor o un predicador, pero en vez, te encontraste con un descarado atorrante, que tan solo logró alcanzar tercer grado de primaria, pero graduado en la universidad de la calle. Lolita no se sorprendió, eso se notaba a leguas.

Ya el noviazgo entre ellos no se podía esconder más y llegó a oídos de Albina, quien tomó un avión para poner las cosas en su lugar.

La madre de Lolita trató de convencerla advirtiéndole que pensara en sus hijos, con ese hombre de tan mal aspecto físico así serían sus hijos, Lolita le dijo que él ya tenía dos hijos y eran muy bellos.

Si, pero es que la mamá de los niños es americana

Yo también soy blanca y con ojos de color.

Albina ya no sabía que argumentos utilizar para convencer a Lolita que no le convenia casarse con un hombre divorciado con dos hijos, ella si podría encontrar un mejor partido.

Entones Albina trató de convencer a Daniel.

Tú no conoces a Lolita, ella es muy frágil, enfermiza, no sabe limpiar una casa, no sabe cocinar, no sabe planchar, no sabe hacer nada. Son muy diferentes, ella es muy inocente y tú eres un hombre de mundo, eres extrovertido mientras ella es introvertida, a ti te gustan las fiestas y socializar y ella prefiere estar sola metida en la casa.

No se preocupe suegra, que yo no ando buscando una sirvienta, y ella puede quedarse en la casa mientras yo salgo, ni ella me va a cambiar a mí, ni yo a ella. Sentenció Daniel.

Con la llegada de Albina ya Daniel se sentía acorralado, no le gustaba que lo presionaran, y tampoco no le había dicho a Lolita a lo que él realmente se dedicaba, tal vez diciéndole ella misma rompe con el noviazgo, y problema resuelto.

Esta vez Daniel se sinceró más con Lolita y le dijo que tenía que ver con drogas, Lolita sintió que se desvanecía, Daniel vio su dolor en el rostro, Lolita recordó a los muchachos del barrio que se habían convertido a Dios y cambiaron su vida, lo mismo podía suceder con Daniel, para Dios no hay nada imposible se decía a sí misma tratando de convencerse, cualquier cosa menos perderlo, ahora si estaba muy enamorada. No hablaron más de ese asunto, cada uno de ellos dos pensaban buscando una solución.

Daniel le llegó un día de sorpresa a lolita con la buena noticia que había conseguido trabajo de construcción, que desde hacía unos días había hecho su propia compañía con otro socio Mario, un amigo que ya Lolita conocía, la compañía se llamaba MDM y Daniel llevó a Lolita a conocer la oficina, Kito, quien ya estaba casado con una linda chica colombiana y también trabajarían con ellos.

Daniel y Lolita cada vez querían pasar más tiempo juntos, y decidieron convivir antes de casarse, Daniel se dio cuenta que Albina no exageraba, Lolita no sabía freír un huevo, cosa que a él no le molestaba para nada, al contario, lo llenaba de ternura y cada vez trataba de cuidar y proteger a Lolita, comenzó a ser detallista y romántico.

Llegó Belinda a visitarla para darle la peor noticia, su abuelita se encontraba en el hospital en condición grave. Lolita se angustió y buscó sin encontrar un refugio para pasar por la tormentosa noticia, tenía que ir a verla, Daniel le dijo que no era conveniente por su estado migratorio. Lolita lo pensaba, recordaba su mirada despidiéndose de ella, pasaron dos días, los cuales fueron desesperante y se sentía impotente, ella necesitaba ir a ver a su abuelita.

Mientras tanto, en Venezuela, en una cama del hospital una anciana agonizaba preguntando por Lolita, preguntó por ella una y otra vez hasta su último suspiro.

Lolita recibió la noticia, ya no pienses más, si vas o no a verla, ya es demasiado tarde, ya murió, ya no está en este plano.

El dolor de Lolita que sentía era fue grande, Se había muerto el ser que más la había amado.

Daniel trató de apaciguar su dolor en vano. Solo el tiempo aliviaría la pérdida de un ser que ha dado tanto amor.

Pronto la compañía de Daniel se deshizo, la persona que les había dado un buen contrato exigió que Daniel se dedicara a leer los planos, otros empleados humillaban a Kito, su hermano, y Daniel no iba a permitirlo, así que tomaría volver a conseguir un contrato tan bueno, Daniel no aceptó y se deshizo la compaña. Daniel notó la preocupación de su petisa y esa misma semana apareció con un nuevo contrato de trabara una compañía de construcción más importante y tendría más trabajo, eso sí, tendría que viajar de vez en cuando, cuando Daniel salía a trabajar bien temprano Lolita aún estaba dormida, pero él le daba vueltas a menudo, se daba sus escapadas para aunque sea decirle lo mucho que ya la extrañaba, Lolita lo veía ahora como el hombre más guapo de la tierra y de verdad que le lucia las herramientas de construcción en su cintura, sus botas llenas de barro.

Albina se tenía que ir y habló en serio con Daniel y le dijo

"Se me acabaron las vacaciones, y ustedes ya viven juntos, o se casan o me la llevo conmigo.

Llévesela si quiere, a mí no me costará nada encontrarla y traérmela, ella es mayor de edad y después de una larga conversación quedaron que se casarían esa misma semana. Daniel supuestamente no tenía suficiente dinero como para comprarle un anillo a Lolita, se casarían en la corte, y tal vez se reunirían en el pequeño apartamento, pero que él no ganaba lo suficiente para festejar la boda como tal vez Lolita la hubiera sonado.

Albina llevó a un centro comercial a comprarle un vestido a Lolita con el poco dinero que tenía, no era un vestido de novia, de todas maneras ella solo se estaba casando por la corte y no por la iglesia, el vestido era color vino y Albina con sacrificio lo compró por $25.00 y Daniel no estaba acostumbrado a vestirse de traje formal y tampoco poseía dinero para comprarse uno, así que fue en compañía de Lolita a una tienda de segunda mano donde se compró el traje por $10, lamentablemente no le alcanzaba el dinero para brindar una cena o alguna bebida a los pocos invitados, pero viendo como a Lolita le brillaron los ojos al ver un pastel de boda de $30.00, Daniel no se resistió y compró con el dinero que poseía en secreto y le dio la grata sorpresa a quien sería su futura esposa.

Los siguientes días eran de verdadera felicidad, Daniel salía a trabajar y algunas veces como ya se lo había advertido a Lolita tenía que viajar.

Estaba de moda los salones para videos juegos y Daniel la llevó para que jugara a uno que él había notado que a ella le gustaba, mientras Lolita jugaba Daniel se encerraba en la oficina del dueño del lugar. Era un hombre como quince años mayor que Daniel, pero tenía una esposa de la misma edad de Lolita, Daniel los invitó al apartamento así Lolita podía tener una amiga de su misma edad, pronto se dieron cuenta que ambas estaban esperando un hijo. Cuando Lolita se enteró que estaba embarazada desde ese mismo momento se enamoró de esa criatura que crecía en su vientre y le entonaba una canción infantil que a ella le gustaba desde que ella era pequeña: Una semillita sembré, sembré sembré.

Albert, el nuevo amigo de Daniel los había invitado a comer en un restaurante, cuando llegaron al restaurante, era un lugar muy sofisticado y lujoso para lo que ellos estaban acostumbrados, en la mesa los estaban ya esperando, pero no se encontraban Albert con su esposa solamente, había tres chicas muy jóvenes, vestidas sensualmente y que atendían a Albert como si fuera un magnate. Lolita observaba a la esposa de Albert que actuaba como que eso fuera algo normal. Lolita, que de por sí, era siempre callada, esta vez ni una sola palabra pronunció durante la velada. Al Salir, Daniel le explicó a Lolita que ese hombre era de gustos extravagantes, y eso era todo, a las chicas él las hace llamar los ángeles de Albert, como el programa de televisión. Lolita le dijo que había algo en ese hombre que a ella no le gustaba, que no le inspiraba confianza.

DANIEL PROMOTOR DE BOXEO

Daniel cada día cambiaba más, salía con más frecuencia y llegaba tarde del trabajo, Lolita lo esperaba despierta hasta tarde, pero algunas veces llegaba de madrugada.

La pareja volvió a visitarlos y allí se dieron cuenta ambas mujeres que las dos tenían los mismos meses de embarazo, por lo menos esta vez tenían algo en común para conversar.

Daniel cada vez se ausentaba más, a veces cuando le tocaba cuidar a sus hijos a quien tanto adoraba, los recogía se los dejaba a Lolita y no regresaba sino hasta el domingo para llevárselo a Rosi.

Lolita no quería hablar con ningún miembro de la familia por lo que estaba pasando, bastante que ellos, sobre todo su madre se lo habían advertido.

Ya Daniel no disimulaba, y le compró a Lolita un auto maraca Volvo para que aprendiera a manejar. Lolita, quien había recibido algunas clases de manejo por su cuñado Kito, no se atrevería a hacerlo.

Una noche despierta esperando a que Daniel llegara, a lo que lo escuchó venir prefirió hacerse la dormida para evitar una discusión, ella jamás le ganaría.

Lolita se dio cuenta que él silenciosamente había entrado a la casa solamente a cambiarse de chaqueta y luego se fue. Lolita se levantó inmediatamente a revisar su chaqueta y en su bolsillo había una caja de cigarrillos de un club nocturno de bailarinas exóticas, Lolita se sentía destrozada, sola y sin saber que hacer, agarró toda la colección de flores que guardaba que él le había regalado y las arrojó al piso, rompió todas las tarjetas de amor que ambos intercambiaban y escribió en la pared con un marcador: Traidor, Mentira, todo es una mentira.

Tomó la llave del auto y comenzó a manejar, pasó horas manejando, las calles estaban vacías por la hora que era, y se le apaciguó la rabia cuando se dio cuenta que llevaba rato manejando, que, si sabía y podía manejar, ya estaba loca que amaneciera para mostrarle a su hermana Belinda que ella ya sabía manejar. A Belinda le pareció todo muy extraño, pensó que había que su hermana ocultaba algo. Lolita trató de evadir las preguntas de Belinda, y para Lolita le fue fácil zafarse de la situación porque Belinda solo pensaba en sus necesidades le pidió que la llevase a su casa porque ella aún no tenía lavadora y debía lavar su ropa sucia acumulada, Lolita accedió y fue así, como Belinda, al ver las condiciones del apartamento, se dio cuenta de lo que estaba ocurriendo.

Lolita no quería ver a Daniel, así que dejó a Belinda en el apartamento lavando su ropa mientras ella seguía manejando, pensando como hacia para no verlo más si estaba esperando un hijo.

Daniel llegó a su apartamento y encontró a Belinda lavando ropa en vez de a su esposa, vió el cuarto vuelto un desastre con los letreros que ella había escrito en la pared, todos los recuerdos de su romanticismo, que ella con tanto amor había conservado. También vio la caja de cigarrillos en el suelo.

-Me pillaron, Belinda.

-Algún día se tenía que enterar de como realmente son los hombres.

-Por favor, Belinda, ayúdame a convencerla, yo lo que estoy es trabajado, luchando para tener un buen futuro para ella, ahora más que estamos esperando un bebé.

- ¿Trabajando en un club de bailarinas exóticas?

-Eso lo puedo explicar, quiero ser un promotor de boxeo, es más, esta noche es la pelea, traje al famoso boxeador de pesos pesado, Wilfer Spion (el escorpión) además que vendría también hacer una exhibición de pelea Jerry Coony

(La esperanza blanca), las chicas del club fue para contratarlas para el ring, decíle que esté lista que la mandaré a buscar en una limosina y ella verá con sus propios ojos que no miento, allí, le dejo dinero para que se compre ropa y todo lo que quiera.

Lolita iba entrando al vecindario cuando vio a Daniel que no tenía tiempo para detenerse y darle explicaciones, había invertido mucho dinero en esa pelea y tenía que estar en Port Artur a tiempo.

Después que Belinda le contara todo el teatro de Daniel a Lolita y que de trabajar en construcción saliera que era promotor de boxeo no lo terminaba de entender, agarró el dinero y se fue a la tienda para mujeres embarazadas, ningún vestido era bello, a Lolita no le importaba esas cosas, pero quería llevarse el más caro que había en la tienda, después de gastar sin medida todavía llena de enojo, quería ir a Port Artur a asegurarse por sí misma lo que le había dicho su hermana, y si, a la hora acordada estaba el chofer de una limosina tocando a la puerta.

Al llegar al lugar, Daniel, vestido de ropa fina y rodeado de mucha gente y reporteros, al ver a Lolita tratándolo, se apresuró acercó a ella, la abrazó pidiéndole perdón por no haberle contado lo que él estaba tratando de hacer, que necesitaba ahora más que nunca de su apoyo, la llevó y le mostró la habitación del hotel, mientras el seguía trabajando.

Daniel trataba de hacerse el fuerte, quería surgir en la vida y estaba dispuesto a todo, no tenía ninguna experiencia en este negocio, pero si no lo intentaba seria lo peor que le podía pasar.

Luego de media hora Daniel entró al cuarto con un amigo que recién conocía, era todo un caballero y tomando la mano de Lolita la besó con mucho respeto inclinando su rostro la saludó: Mucho, gusto señora, soy David Torres, para servirle, era la única persona que le dio confianza a lolita en ese lugar.

Lolita no tenía muchos meses de embarazo, pero pareciera que tuviera más, había aumentado de peso y su vientre le había crecido más de lo normal. De pronto, el dormitorio se llenó de gente que ella no conocía, amigos de Daniel tratando de sacarse fotos con Jerry Coony quien entró también en el cuarto echando bromas y burlándose del Estado de Texas.

Pronto comenzaría el espectáculo, Lolita se sentó y seguido a ella, Jerry Coony esperando su turno, mientras lo fotografiaban, Lolita sonreía al lado del boxeador, sin saber cómo debía actuar mientras Daniel estaba ocupado preparando a las chicas que mostrarían con un cartel por cual round iban. Uno de los boxeadores que Daniel había llevado ganó como campeón nacional de USA, y ahora el próximo paso sería enfrentarse en contra del campeón del mundo, Marvin Hagler. Después de la pelea se juntaron a celebrar el triunfo del boxeador en un salón donde Lolita solo conocía a Daniel. Ya quería estar en su apartamento coloreando o viendo vidrieras para ropa de bebé. Daniel estaba disfrutando de su triunfo. No se olvidaba que al llegar a los treinta años no trabajaría para nadie como empleado y lo estaba logrando gracias a su astucia, y perseverancia, tenía un espíritu incansable y una sed insaciable de llegar cada vez más alto.

Lolita seguía comiendo poco, pero alguien le regaló un frasco pequeño de caviar y para sorpresa de todos, a Lolita le gustó; eso era suficiente para que Daniel llenara el estante de la cocina de diferentes marcas de caviar, era su desayuno, almuerzo cena por meses, luego quería tomarse una frescolita, una bebida venezolana que no la podrían encontrar en Houston, así que Daniel la envió a Venezuela para que se saciara de todos los antojos venezolano que tenía.

Lolita se sentía feliz de estar de nuevo en su tierra, comió de todo lo que de niña y adolescente aborreció. Cuando la llevaron a visitar a unos de sus tíos lo primero que vió en la humilde casita donde ella había vivido, fue un cuadro grande colgado en una pared con la pintura desgastada, era la foto de su abuelita. Lolita al mirar de pronto los ojos de su abuela no pudo contener el llanto, frente a sus ojos, estaba su imagen, y recordó aquella última mirada llena de amor y ruegos silenciosos de su amada abuelita.

También fue a visitar a su hermana Christina, quien al verla se alarmó apenas la vio, como siempre, preocupada por ella la notó muy hinchada, y le dijo: Ve al médico de emergencia, esa gordura no luce normal, eso parece preclamsia, no te veo bien le dijo su hermana.

- ¿Pre qué?

-Preclamsia, repitió Christina ¿no me digas que no sabes qué es eso Lolita?

-Yo me siento bien, son ideas tuyas, tú siempre te preocupas por mí de una manera exagerada.

Lolita llegó de regreso ya con todos sus antojos complacidos, y ya pronto seria navidad, se entusiasmó arreglando su árbol navideño y Daniel llenándolo de regalos para sus hijos y su adorada "petisa", así la llamaba.

Lamentablemente en Venezuela hubo una ola de sarampión, gracias a Dios Lolita había regresado a tiempo, pero Belinda quien había ido a pasar las navidades allá, se infectó ya casi cerca de fin de año.

Pasaron las navidades, Daniel siempre se lucia con su famoso claricó y Lolita, aunque no pudiera tener ninguna bebida alcohólica se lució con su ponche de crema venezolano.

Exactamente el veinticinco de diciembre Lolita sintió malestar, no sentía energía para levantarse de la cama, no se alarmó mucho, pues ya estaba acostumbrada a la debilidad física, pero llegaron los hijos de Daniel con Rosi y su esposo a recoger los regalos de navidad, Lolita apenas se podía levantar, pero por cortesía lo hizo, por suerte no duró mucho la visita y Lolita volvió a recostarse.

Daniel estaba muy ocupado, había invertido mucho dinero en la promoción de la pelea de boxeo y él no obtendría la ganancia hasta que su boxeador se enfrentara al campeón mundial, pero para eso faltaba tiempo. Mientras tanto iba con el entrenador buscando nuevos boxeadores muy jóvenes que querían iniciarse en el boxeo y enterándose como se maneja ese nuevo negocio donde se había metido, todavía tenía que darse unos viajes a Miami, su clientela había aumentado, pero ya su capital lo había invertido en el boxeo, le tocó que ir y pedir crédito, ya lo conocían y le comenzaron a darle pocas cantidades para tantear que tan bueno era para cancelar sus deudas.

Dos días después Lolita llamó a su hermana menor, quien se había mudado en el mismo complejo de apartamentos donde vivía la pareja , Petronila se había convertido en una chica muy responsable, ya había aprendido hablar bien inglés, seguía trabajando en el mismo restaurante de comida Mejicana que le había recomendado Zamel, el amigo de Lolita, ya había comprado su propio automóvil, el cual ella lo había prácticamente convertido en su closet, era extremadamente activa, trabaja muchas horas de pie llevando las bandejas de comida de mesa en mesa, el restaurante estaba localizado en la zona más exclusiva de Houston alrededor de River Oaks , salía de su jornada de trabajo y se iba al gimnasio y allí mismo se daba un baño después de dos horas de ejercicios. Se vestía y se arreglaba para salir de parranda, para llegar pasadas las 2:00 am y al día siguiente a las 10:00 am estaba puntual en su trabajo no había clubs de baile que Petronila no conociera, soltera aun, pues era muy joven, sólo tenía veinte años.

Petronila era la más alta de las hermanas, aunque era la menor de las hembras, su piel color moreno claro y ojos marrones, cabello oscuro rizado el cual ella se lo arreglaba de manera muy atractiva y, aunque era sumamente delgada, de talle largo poseía grandes pechos, y su cuerpo bien torneado, su cintura era la envidia de muchas mujeres y la comparaban con una famosa cantante mejicana que llamaban la reina de las novelas.

salía a divertirse muy seguido y no pensaba por los momentos en enamorarse, estaba muy feliz con la vida que llevaba, a Petronila le alcanzaba el tiempo para todo, visitaba a sus hermanas que vivían una vida diferente que la de ella. Belinda cuidaba niños de lunes a domingo y Lolita solo salía cuando Daniel le sobraba tiempo en su vida tan ocupada.

Lolita la había llamado para recordarle que habían quedado en salir de tiendas, aunque le faltaban varios meses para dar a luz a su hijo, Lolita, quería comprarle más ropa de bebé. Su hermana menor, como siempre, estaba dispuesta cada vez que algunos de sus hermanos la necesitaban.

Camino a la tienda, de pronto, Lolita sintió un terrible dolor en la cabeza y se la sostenía quejándose en gran manera del dolor, su hermana pensó asustada de un artículo que había leído en alguna revista que cuando una mujer embarazada sufría un dolor de cabeza así de fuerte era señal de que él bebe estaba muerto y sin pensarlo dos veces la llevó de emergencia al Hospital Herman del Medical Center, no tardaron en atenderla, le dieron un calmante para el dolor, pues Lolita aseguraba que la cabeza se le estaba partiendo en dos, después de examinarla, le dijeron que necesitaba quedarse en el hospital, así que se la llevaron a un cuarto del hospital, mientras su hermana toda aturdida llamó al bíper de Daniel, el cual al enterarse corrió al hospital donde estaba su petisa. Mientras tanto en ese mismo cuarto entró una mujer con una bata blanca y acercándose a Lolita con mucha delicadeza la colocó de medio lado y la rodeó de almohadas dobladas por todo su cuerpo y luego cuando terminó ese miro a Lolita y con una mirada dulce le dijo: Te he puesto estas almohadas para que te sea fácil mantenerte en esta posición, no te muevas por nada. si te mueves, te mueres. Sin más explicaciones se fue para hablar con algún familiar para explicarle la condición de Lolita, Daniel y Petronila estaban juntos esperando en una sala de espera, la doctora se lleva a Daniel a una oficina y le explico:

"Su esposa tiene preeclamsia, por ahora la hemos puesto en una posición donde a ella le será cómodo no moverse, si ella se mueve, ella se muere, ¿Dígame, tiene seguro médico?"

- "No, no tenemos seguro médico"

- ¿" Tiene una cuenta bancaria?"

- "Escúcheme, usted piensa que me voy a casar con usted que está tan interesa cuánto dinero tengo yo"

-Disculpe señor Morales, pero si usted no tiene seguro médico ni tiene dinero va a tener que llevarse a su esposa al hospital público"

- "¿Qué? Primero me dice que si mi esposa se mueve de esa posición se muere y ahora porque yo no tengo dinero me dice que me la lleve, la única diferencia entre los atracadores a mano armada y ustedes es la licencia que poseen para matar sin impunidad alguna".

- "Lo siento, por lo menos se requiere tres mil quinientos dólares de depósito".

- "Mire no pierda su tiempo, yo a usted le empapelo todo el hospital de dinero y usted dedíquese a salvar a mi mujer y a mi hijo."

Daniel había invertido todo su dinero en la pelea, no había podido obtener el dinero de la mercancía que ya había repartido, solo tenía dos mil dólares, y llamó a su amigo más reciente, David Torre, para que lo ayudara con los mil quinientos que le faltaba para pagar el depósito.

Después de haber pagado el depósito, a Lolita se la llevaron a cuidados intensivos, la situación era critica, si el bebé permanecía más tiempo dentro del vientre de la madre, ella moriría, si sacaban al bebé para salvarle la vida a ella, él bebé nacería muerto.

La noticia corrió como pólvora, Albina y Bienvenida tomaron el primer vuelo que encontraron para Houston. Christina desesperada por ir, pero su trabajo se lo impedía, apenas la habían ascendido como asistente de un departamento de Relaciones Públicas, donde debía viajar a varias ciudades del país. Christina se lamentaba una y otra vez, ella lo sospechaba, lo presentía y se lo dije mil veces cuando vino a Venezuela, y Lolita no hizo caso, decía su hermana.

Llegó a la Sección de Cuidados Intensivos un doctor, llamado David Catton con una propuesta para poder salvarlos a los dos, se trataba de un tratamiento experimental, pero necesitaban la firma de Daniel para comenzar el procedimiento y debía ser pronto, no había tiempo que perder. Ambos se estaban muriendo, Daniel firmó de inmediato el consentimiento, Lolita ya parecía una masa de piel sin forma humana, estaba tan hinchada que no se le distinguían sus facciones, su rostro estaba desfigurado, a Lolita le insertaron una aguja en su inflamado vientre para sacarle líquido del cerebro al bebé Daniel se desmayó y lo tuvieron que sacar de la habitación. El pequeño cuarto estaba lleno de diferentes doctores estando a cargo el Dr. Catton, pero el director del hospital pasaba varias veces al día para ver cómo iba el procedimiento.

Mientras pasaba los días Lolita empeoraba, hasta que una doctora asiática le dijo a Daniel, que ya detuviera el proceso, todo será en vano. Acéptelo.

Daniel enfurecido le dijo que no quería que se acercara más a Lolita, a usted la quiero bien lejos de mi esposa, no quiero a nadie negativo cerca de ella.

Daniel le explicó al director del Hospital, llamado Doctor Saldana, lo sucedido con la doctora asiática y requirió que otro doctor ocupara su lugar. El director se ofreció que él mismo se haría cargo desde ahora en adelante del caso de su esposa.

La familia de Lolita estaba desbastada, solamente permitían la visita de un familiar a la vez, así que de vez en cuando Daniel salía y dejaba que entrara Albina o Bienvenida, las dos no podían creer que lo que veían en esa cama fuera Lolita, ya habían investigado algo sobre preeclamsia y las pocas esperanzas que aún los médicos le daban de vida. Bienvenida viendo a Daniel tan fuera de control quiso consolarlo y le dijo que en la vida había que resignarse a la voluntad de Dios. Daniel estaba decidido que su petisa y su bebé no morirían, y le dijo: Con todo respeto tía, no sé qué tanto dicen ustedes que creen en Dios, pero si la fe suya es nula le agradezco que no regrese, ya los demás la mantendrán al tanto. No me lo tome a mal, pero no quiero que nadie que dude que mi esposa no pueda sobrevivir no los quiero cerca.

Lolita de vez en cuando volvía en sí y miraba a su alrededor y solo veía muchos doctores y enfermeras a su alrededor, pero luego se desvanecía nuevamente.

El doctor Saldana se había ausentado por unas horas, pues tenía muchas otras responsabilidades que atender, cuando regresó a cuidados intensivos vio uno de los monitores y reprendió a sus colegas. Lolita escasamente podía escuchar cuando el doctor Saldana le dijo a Lolita al oído, le tenemos que sacar su bebé de inmediato, le haremos una cesárea, Lolita pronunció el nombre de su esposo a quien buscaba entre tanta gente en el cuarto, el doctor Saldana empujando la camilla con ayuda de varios asistentes le dijo, no hay tiempo señora, su hijo no está respirando.

Los médicos se apresuraron a sacar el bebé y efectivamente estaba con muy poco nivel de oxígeno, estaba cianótico, le dieron los auxilios de rigor y estaba aún vivo. Pesó una libra, 800 gramos. Daniel, quien había salido a buscar un café se enteró y fue corriendo a buscarlos cuando vio a su pequeño que lo traía la enfermera en una mano y le dijo a Daniel, creo que sobrevivirá, se echó un pedito.

Daniel siguió a la enfermera con su bebé donde lo pusieron en una incubadora, era tan pequeño, se veía tan indefenso, aún mantenía su color morado. Daniel quiso acariciarlo y Carlitos, su hijito recién nacido, le agarró fuerte el dedo de Daniel con su diminuta mano. Daniel se sorprendió de la fuerza de su hijo y sintió alivio, aunque aún el niño no estaba fuera de peligro, pero Daniel lo tomó como una señal de que viviría.

Regresó al cuarto para saber Lolita, y su situación había empeorado, ya Daniel estaba agotado, no había descansado en muchos días, se sentía ya sin fuerzas y decidió ir a la capilla a orar, allí de rodillas, quebrantado en llanto suplicaba al Dios en quien tanto creía Lolita que no lo dejara solo al cuidado de su bebé que salvara a su hijo, en ese momento entró en la capilla Rosi, quien se había enterado y vio a un Daniel diferente al que ella había conocido, verlo de rodillas ante Dios rogando por la vida de Lolita le dio ternura, sentimiento que él nunca había inspirado a nadie.

Daniel después de desahogarse regresó al cuarto de cuidados intensivos donde nuevamente se encontraba su petisa. Lolita abrió los ojos sumamente débiles, no tenía noción de nada y una de las enfermeras se acercó y le dijo: Es un varón y parece un durazno. Lolita volvió a cerrar los ojos. El monitor que marcaba los niveles de oxígeno, la presión, temperatura, así como también marcaba los latidos del corazón de Lolita y ese monitor dejó de emitir ese sonido que nos recuerda que estamos vivos, había parado de latir el corazón de Lolita. Los médicos trataban con todos sus esfuerzos de revivirla, mientras Daniel agarró el monitor a patadas, estaba fuera de sí, tuvieron que sacarlo a la fuerza, estaba interfiriendo la labor de los médicos.

Lolita comenzó a ver lienzos de colores, danzaban al compás de una música suave y armoniosa, era una danza tan perfectamente coordinada que dejó a Lolita extasiada ante tanta belleza, colores que nunca había visto antes, pero Lolita sentía que una fuerza invisible la elevaba hacia lo alto y pudo observar el rostro de una chica de medio lado, tenía los cabellos negros ondulados y su piel era blanca y traslucida como las muñecas de porcelana japonesas, la muchacha volteó su rostro y la miró de frente y le sonrió, ¡Oh, era su hermana Stella! ¿Como podía ser? si ella era de color canela clara, su piel había cambiado y trasmitía una paz a través de todo su ser.

Después se dio cuenta que venían de lejos una gran multitud de personas, ella sentía que la mayoría ella los conocía, ella podía sentir lo que ellos estaban sintiendo y diciéndole, pero no eran palabras, era como si se transmitieran el gozo inmenso que sentían al verla, todos se comunicaban como por telepatía, no hacían falta palabras, y ese lugar de donde ellos venían le recordó algo, como si ya ella hubiere estado allí antes, era el mundo donde ella pertenecía, por fin había llegado a tan su anhelado lugar, mientras más se acercaban las personas hacia ella más era el gozo indescriptible que Lolita sentía, pero nuevamente ese poder invisible la elevaba más hacia arriba, mientras subía la envolvía una sensación tan sublime que no existía a su alrededor nada de ansiedad, ni miedo, ni tristeza, era una paz sobrenatural.

De repente de un solo golpe, Lolita nuevamente se encontraba en ese cuarto lleno de médicos sobre de ella, y escuchaba a Daniel rogándole que no se fuera, que Carlitos la necesitaba, es tan pequeño, frágil, necesitaba de su madre. La voz de Daniel, aunque estaba cerca de ella, lo escuchaba lejanamente y cerrando de nuevo los ojos volvió a irse a ese lugar hermoso, de nuevo los colores danzando y nuevamente se volvía a elevar cuando otra vez se encontraba en ese cuarto donde ella no quería estar.

Lolita se estabilizó y todos sorprendidos en el hospital de poder ver su rostro, las enfermeras le decían a Lolita que estaba irreconocible y que ahora podían conocer realmente la cara verdadera de esa mujer que habían estado cuidando por largos días y noches. Lolita aún tenía su mente como en penumbras.

Ya en un cuarto de recuperación, Lolita aún no conocía a su bebé, le tomó mucho tiempo que se le aclarare su mente.

Un bebé, era verdad, parece un durazno, ya soy mamá. Lolita se emocionó y de pronto sintió un enorme deseo de contárselo al ser más importante de su vida y en un instante automáticamente volteó su rostro hacia el reloj en posición 3:00 AM, pero su amigo del alma no estaba.

En cuestión de segundos recordó claramente ese día y ese mensaje: No es tiempo de que te vengas conmigo, ese amor inmenso que dices que sientes por mi tendrá que ser probado. Pasarás por fuego y muchas aguas, pero recuerda:

Yo estaré contigo todos los días de tu vida.

Puedes probarme todo lo que quieras, tú sabes cuanto te amo.

Lolita bajó su rostro llena de vergüenza, se preguntó si su amigo, al igual que el buen pastor, habrá dejado sus noventa nueve ovejas para buscarla a ella.

Estaría su amigo preguntando: **¿Dónde está Lolita?**

Lolita hizo un esfuerzo para recordar como rezaban las personas en la iglesia, y como cualquier otro ser humano de este mundo cerró sus ojos y oró.

Última Palabra

P adre nuestro que estas en el cielo,
    Santificado sea tu nombre;
Venga a nosotros tu reino;
Hágase tu voluntad aquí en la tierra como en el cielo.
Danos hoy.
Nuestro pan de cada día;
Perdona nuestras ofensas,
Como también nosotros perdonamos
A los que nos ofenden;
No nos dejes caer en la tentación,
Y libranos del mal.
Amen.

Continuará...

Agradecimiento

Le agradezco infinitamente a mi amado esposo, quien me apoyó en todo momento, Gracias por ayudarme a realizar este sueño, el escribir mi historia
en las páginas de un libro
A mis tres hijos: Carlos, Alex y Paola por las veces que me dijeron: ¡Mami, tú si puedes!
A Victoria Nieto, quien fue la primera persona que creyó en mí.
A la vida por darme el empujón y reactivar mi confianza en mí misma.
A Wilmer Velásquez de KDP Editorial Design por crear la portada y ser parte fundamental en este libro.
Nuevamente de rodillas, a mi amigo Jesús, sí a mi amigo Jesús, quién es Único y construye caminos donde no los hay.
También estoy muy agradecida a esa persona que prefiere mantenerse en anonimato por editar mi libro. Gracias infinitas a todos los que lo han hecho posible.

Don't miss out!

Visit the website below and you can sign up to receive emails whenever Diana Larson publishes a new book. There's no charge and no obligation.

https://books2read.com/r/B-A-JGXU-JETAC

BOOKS 2 READ

Connecting independent readers to independent writers.

Did you love *¿Dónde está Lolita?*? Then you should read *Nuestro sueño hecho realidad*[1] by Wilmer Antonio Velásquez Peraza!

Nuestro sueño hecho realidad: La historia de lo que pudo ser...
Wilmer Antonio Velásquez Peraza:

En fin, nuestro sueño hecho realidad es lo que pudo ser y en efecto fue y es.

Nuestro sueño hecho realidad, es un canto lírico al amor, una Oda al pensamiento humano, a las relaciones y a la vida, es una historia real basada en las vivencias del autor, quién poco tiempo luego de perder su matrimonio, con una mujer 20 años más joven que El, se redescubre y organiza sus prioridades, sus pensamientos y su vida.

Aún sangrante por la herida establece una ruta a seguir, que parte de la atención a su hermosa y única hija, a culminar los estudios en su

---

1. https://books2read.com/u/m0vL90

2. https://books2read.com/u/m0vL90

última carrera universitaria y en crear sistemas de generación de activos para lograr, más bien generar el futuro para su familia.

Aprende a conquistarte antes de echarte a morir.

Este hermoso libro intenta ser inspiración para ti, para que encuentres en él, esa guía, ese camino y el elemento integrador que le dé el sentido que merece tu vida, actuando con resiliencia y con muchas ganas, el ser humano es sociable por naturaleza, y en efecto necesita vivir en pareja para juntos crearse, complementarse, recrearse y ser cada uno el punto de apoyo y motivación para el otro.

Pero esta no es una regla general, ni mucho menos única, puedes erguirte y partir desde esa ruptura y como el ave fénix generar nuevos firmamentos, creando las bases de las conquistas que reconstruyan tu corazón y puedas en efecto preparar tu psique, tu mente, tu cuerpo y desde luego tu alma y espíritu para nuevos procesos amorosos y para hacerte digno de aspirar ser quién quieras ser y ser tan valioso como para ti mismo, tanto para la vida de tus seres queridos, como para una nueva relación.

Elementos que encontrarás aquí en esta obra:

Inspiración, deseos, conquistas, pasión, resiliencia, paz, amor, lealtad, belleza, futuro.

La historia de lo que pudo ser...

Más que una promesa, es una hoja de ruta, un cúmulo de experiencias, situaciones y emociones que te llevarán en una noria, tal cual montaña rusa de firmes conquistas de deseos inconclusos que debes recuperar, antes que aspirar a ser alguien valioso para otros, debes serlo para ti, con esta visión podrás avanzar no sólo para el futuro inmediato, sino para toda tu eternidad.

Wilmer Antonio Velásquez Peraza CEO de KDP Editorial Design.

Read more at https://kdpeditorialdesign.com/.

Also by Diana Larson

Novela Romántica Familia y Relaciones
¿Dónde está Lolita?

9 798201 751647